ちくま新書

神話で読みとく古代日本

——古事記・日本書紀・風土

松本直樹
Matsumoto Naoki

神話で読みとく古代日本

――古事記・日本書紀・風土記

【目次】

序章 〈神話〉と国家

†〈神話〉が作る国家

太陽の女神であるアマテラス大御神《おほみかみ》が天石屋《あめのいはや》に隠れると、世界が真っ暗闇になった。英雄スサノヲの命《みこと》がヤマタノヲロチを退治して、平和な世界を実現させた。騙したワニに毛皮をはがれたシロウサギは、オオクニヌシの神の治療によって元の体に戻ることが出来た。これらの神話は、恐らく日本で育った者ならば、誰もが聞き覚えのある話だろう。私も、どんなきっかけだったかは思い出せないが、不思議と物心ついた時から、今述べたような神々の物語を知っていたような気がする。

これらの神話は、ご存じの通り、古事記や日本書紀に載っている。それが分かったのは、たぶん中学生か高校生の頃だった。さらに大学に入学した頃、それが日本の国の〈歴史〉の一齣《ひとこま》であると理解した。このとき不思議に思ったのは、先ほど述べたような、現代の感覚からすれば絵空事に思える神話の数々が〈歴史〉とされているということだった。これは、いったいどういうことなのだろう。なぜ国家の〈歴史〉が、神々の話から始まるのだろうか。天皇が登場するところから〈歴史〉を始めても、よかったのではないだろうか。

不思議といえば、次のことも気になる。国家が作られる時、そこには建国の理念というものがあったに違いない。しかし、為政者が交替し、憲法まで一新され、正式な国の名称に若干の変更がなされたとしても、人々が基本的に「日本」であることを疑わないのはなぜだろう。そもそも国家の上には、建国の理念などでは説明しきれない何か、ある種の「神話」が存在するのではないだろうか（9・11の時のアメリカでは、国旗や国歌や祝福歌である「ゴッド・ブレス・アメリカ」により、そのような「神話」が発動していた気がする）。

「日本」という国号が成立してから、少なくとも千三百年が経過している。この長い時間が「日本人」であることの意味を無自覚にしているのだろうか、私たちの多くは、いつ「日本」というものができたのかを考えたことがない。しかし、この列島にも「日本」が誕生した歴史的瞬間があったはずなのだ。本書では、古事記・日本書紀・風土記の中の神話を読みとくことで、そんな「日本」が誕生した「古代」という時代について考えてみたい。

†大和王権国家の〈神話〉

本書が論じるのは、八世紀の初頭、この列島に存在した神々の物語としての文字通りの神話であり、大和王権が新しい国家の実現を目指して創作した〈神話〉である（以下、特定の者が意図を持って創作したものを括弧付きで〈神話〉と書き、古代人によって信仰され、村落共同体の中で伝承されていた純粋な神話とは区別して表すことにする）。

大和王権の〈神話〉は古事記と日本書紀に記載され、また各地の風土記には地方の神話や〈神話〉が記録されている。国家の〈歴史〉を記した古事記と日本書紀は、ともに天武《てんむ》の詔勅によって編纂が開始された。そこにどのような必然性があったのか、背景を確認しておこう。

天武即位の直前には、壬申《じんしん》の乱（六七二年平定）という我が国の古代史上最大の皇位継承争いがあった。壬申の乱は当時の氏族社会を二分する大きな事件であり、その混乱を経て即位した天武は新たな律令国家の建設を決意したとされる。

また、東アジア世界に目を向けると、当時の大和王権は、中国の歴代王朝による冊封《さくほう》から抜け出して、みずから東アジアの小帝国であるという主張を持っていた。七世紀の初頭に遣隋使を派遣した推古天皇は自らを「日出る処の天子」と称し、隋の皇帝と対等な地位を主張した。その後、孝徳《こうとく》天皇の時代に「大化《たいか》」という独自の年号を持ったが、それは「時の支配者」でもあった中国皇帝への明らかな対抗心によるものであろう。さらに天武から持統天皇の時代にかけて「天皇」「日本」という称号・国号を定めたことも、中国に学びながら自前の「律令」を定めたことも、そうした大和王権の思惑を反映したものである。

このような国内外の歴史的背景を持って古事記・日本書紀は作られた。新しい権力が新しい国家の実現を目指す時、まずは過去の〈歴史〉の上に、自らの存在を正当化することが必要なのだ。これは日本に限ったことではなく、たとえば中国における歴代王朝の場合も同じである。古事記と日本書紀は、新しい天武王権による、新しい国家作りの正当性を国内外に示すために作られた〈歴史〉であると考えてよいだろう。その〈歴史〉を〈神話〉時代から説き起こしたところに日本国史の特徴がある。

†古事記と日本書紀の成立

古事記は元明《げんめい》朝の和銅五年（七一二）に、日本書紀は元正《げんしょう》朝の養老四年（七二〇）にそれぞれ完成した。平城京への遷都がなされ、まさに新時代を迎えようとしていた。中国や朝鮮半島からは、科学技術や、社会制度や、思想など、さまざまなものが次々に伝来した。

いまだ日本に固有の文字がなく、漢字という外国語の文字に頼っていた時代である。日本書紀は、中国にも通用するよう漢文体で書かれた日本初の正史である。いっぽうの古事記は和文体で書かれている。近年相次ぐ「歌木簡《うたもつかん》」の発掘などで、列島における文字文化の歴史が問い直されているが、古事記の表記は、漢字の音だけを利用した万葉仮名を巧みに操り、時に語順さえも日本語に倣った自在な文体であると言える。万葉仮名を用いた例をあげてみよう。

　次に国稚《わか》く浮《うか》べる脂《あぶら》の如《ごと》くして、くらげなすただよへる時（次に国がまだ未熟で水に浮く脂肪のようで、クラゲのように漂っていた時）

という文を古事記は次のように表記している（返り点・読み仮名・送り仮名は原文にはない）。

　次《つぎニ》国稚《くにわかク》　如《ごとクシテ》二　浮《うかベル》　脂《あぶらノ》一　而　**久《く》羅《ら》下《げ》那《な》洲《す》多《た》陀《だ》用《よ》幣《へ》流《る》**之時《とき》

太字で示した部分が万葉仮名表記である。引用文の前半部では「次」「国」「稚」「如」など全ての漢字が意味を表し、漢文の語順にも適《かな》っているのに対し、万葉仮名表記である「久」「羅」などは音だけを示す仮名であって、読み方も上から下へとそのまま読めばよい。漢字の意味を用いて漢文で記す部分と漢字の音だけを使って和語を伝える部分を組み合わせた文体である。
もちろん一朝一夕《いっちょういっせき》に成った文体ではないだろうが、古事記を書いた太安萬侶《おほのやすまろ》の最新の工夫がそこにはある。古事記も初の正史である日本書紀とともに、いわば新時代の最新モードであったに違いないのだ。

このようにして成立した両書、とくに対外的意識を強く持って編纂された日本書紀にまで、なぜ〈神話〉があるのだろうか。なぜ国家の〈歴史〉を説くのに、「偉大なる初代神武天皇が初めて国を統一した」というところから書き起さなかったのだろうか。おそらく、神話がなおも無視することのできない力を持っていたからに相違ない。

†なぜ〈神話〉が必要なのか

古事記や日本書紀の〈神話〉とは、大和王権国家の由来と正当性を説くために創作・編集・記載された〈建国神話〉で、〈王権神話〉とか〈宮廷神話〉などとも言われる、極めて政治的な〈神話〉である。極端に単純化してその趣旨をしめせば、「天上界に日の神であるアマテラスという偉大な主宰神がいて、その神の力のもとで初めて地上の国土が秩序を維持していた（天石屋戸神話《あめのいはやと》）。だから、その神の偉業を継承する子孫がこの国土に降臨して王となる（天孫降臨神話）」ということになる。正確には〈歴史〉の最初にある「神代《かむよ》」という一時代の記録として記載されているのである。

天地創成に始まり、イザナキ・イザナミの国生み、アマテラスの石屋《いはや》隠れ、スサノヲのヲロチ退治、オホナムチ（オホクニヌシ）の国作りと国譲り、天孫降臨、海幸山幸の兄弟争いなどを経て、初代神武天皇の誕生までが、時間軸に沿う形で、基本的には淀みなく展開するのだ。そして時間は神武、綏靖《すいぜい》……と歴代天皇の時代へと確実につながってゆくことになっている。

これに対して、民衆の間で口承されていた純粋な神話とはいかなるものであるか。たとえば、直木孝次郎は、神話を次のように定義づけている。

神話といわれるためには……（中略）……最小限、つぎのような三つの条件が必要だと思う。まず第一に、神々についての物語であること。第二に、一部知識人の創作ではなく、広く民衆のあいだに語り伝えられ、信じられていること。第三に宗教性または呪術性をもち、社会を規制する力をもつこと。この三つである。（『日本神話と古代国家』講談社学術文庫）

神話は本来、宇宙の成り立ち、人の生き死に、社会の道徳や法までを決定する力を持ち、人々に信仰されていた。その意味で、同じ神の伝承でありながら、昔話や民話といわれるものとは一線を画している。さて、古事記や日本書紀の〈神話〉は、第二の条件に明らかに抵触するだろう。だから、純粋な神話と作られた〈神話〉とを、明確に区別しなければならないのだ。

神話学者の松村武雄は次のように述べている。「神話は「聖語」(hierologia) であり、疑ふことや拒むことの出来難い「力」であり、……他のいかなるものよりもより強い説得力を有するものであ」り、だから「幾多の特権者たちは」「恰《あたか》も申し合せたやうに、特に神話することによつて政治した」と(『日本神話の研究』第一巻、培風館)。古事記や日本書紀の〈神話〉は、疑う余地もなく、特権者による〈神話〉なのである。

†神話を装うために

さて、古事記や日本書紀の〈神話〉が、本当の神話ではないことを言ってきたが、それでも神話の体裁をとっているという事実も見過すことができない。これは当たり前であるが、先にあげた直木の定義でも、〈神話〉は第一の神話の条件を満たしている。そして、おそらく神々の物語にするというのが、第三の条件の大前提であったに違いない。この第三の条件である「規制力」「宗教性・呪術性」を、本書では「神話力」と呼ぶことにするが、果たして創作された〈神話〉は「神話力」を持っているのだろうか。あるとすれば、どのようにして形成されるのだろうか。

神々の物語であることは、まず最初の基本的な条件であるが、それだけで「神話力」は得られないだろう。新しい〈神話〉の作者が、神々の物語を一から創作したとしても、それはただ奇抜な神々のお話にしかならないのではないか。誰も知らない神々ばかりが活躍する、まったく聞き覚えのない物語など、説得力を持ち得るはずはないし、「皇祖《こうそ》（天皇直系の祖先）アマテラスが唯一の絶対神であり、だから子孫の天皇が国王である」という〈神話〉を明日から信じて生きるように言われても、それに納得する人などいるはずはない。信じてもらえないような〈神話〉ならば、古事記や日本書紀がそれを持っている意味がもともとないのだ。「初代の天皇は偉大だった」から〈歴史〉を書き起こせばよいのだ。

事実として、古事記や日本書紀の〈神話〉に登場するのは皇室ゆかりの神々ばかりではない。出雲や日向など地方に息づいていた神々が、皇室関係の神々以上に活躍している。また〈神話〉の中には、世界の諸民族が伝承していた神話とそっくりのものがある。新しい〈神話〉は、地方の神話、民衆の神話が持つ「神話力」を利用しながら創作されたに違いない。

†風土記の神話（あるいは〈神話〉）

古事記が成立した翌年に当たる和銅六年（七一三）には、風土記編纂《へんさん》の官命が出された。日本書紀も最終的な編纂段階に至っていた頃である。その官命は、風土記に記載すべき項目として、「山川原野の名《な》号の所由《しょいう》」（山川原野の名前の由来を伝える地名起源伝承）や「古老《ふるおきな》の相《あ》ひ伝ふる旧聞異事《きうぶんいじ》」（古老が代々伝承してきた神話伝承）をあげている。そんな時代まで、地方の神話の把握は大和王権にとっての必要事項であったのだ。

神話は人々がどのような価値観を持って生きているかを示す、いわばイデオロギーの象徴である。王権が地方の神話を利用しながら、新しい〈神話〉を創作するのは、列島全体を一つの価値観で覆って、国家イデオロギーを確立しようとしたために違いなかろう。

そして、その国家の〈神話〉を地方が受け入れた瞬間に、その地方は精神史上においても「日本」になったということができるだろう。たとえば出雲に住む人々が、「出雲人」として生きているのと、「日本人」として「日本」の出雲地方で暮らしているのとでは、意識の上で大きく異なるはずだ。前者の生き方が育むものは、この列島の上にあった出雲文化であり、後者が担うものは「日本文化」の一端である。こうした見通しのもと、「神話力」をキーワードとして、この列島の精神史の一齣を見届けたい。

†本書の構成

さて、本書の構成は次の通りである。第Ⅰ部「〈建国神話〉の形成」では、古事記や日本書紀の〈神話〉に地方の神々が登場し、民衆が口承したと思われる神話の痕跡が見られることを確認し、〈建国神話〉がいかにそれらを利用し、神話力を維持しながら作られたかについて考える。特にスサノヲ・オホクニヌシが活躍する〈出雲神話〉の世界に注目したい。

第Ⅱ部「記・紀の〈神話〉をどう読むか」では、我々は〈神話〉という形のテキストとどう向き合うべきなのか、〈神話〉の何をどこまで読むことができるのか、という問題提起を行いたい。古事記と日本書紀がそれぞれ別の作品であり、それぞれ独自の世界観を持っていることは既に自明のことと言ってよい。古事記と日本書紀の諸伝を漫然と一括りにしたかつての「記紀神話」という概念が成り立たないことは、神野志隆光《こうのしたかみつ》（『古事記と日本書紀』講談社現代新書、『古事記の世界観』吉川弘文館）や三浦佑之《すけゆき》（『古事記を読みなおす』ちくま新書）がそれぞれ別の視点から説いている。

いっぽうで、イザナキ・イザナミが国を生み、ニニギが高千穂に降臨するなど基本的な〈神話〉の筋書きが同じなのも事実である。そこに神話力に頼った〈神話〉作品が成り立っていると考えたい。新しい〈神話〉作りは無限に自由なのではなく、神話力を維持するためにこそ、ある種の拘束を受けることが必要だったのだろう。では、それを前提に、古事記・日本書紀というそれぞれのテキストを、どこまで、どのように読むことができるのかを問いたいのである。旧来の漠然とした「記紀神話」ではなく、古事記・日本書紀それぞれの〈神話〉作品を読むためにこそ、再び、しかし今度は自覚的に〈記紀神話〉の可能性を探ってみたい。

第Ⅲ部「出雲が「日本」になった日」では、出雲国風土記《いづものくにふどき》と古事記・日本書紀の〈神話〉とを比較し、地方と中央の間での神話（あるいは〈神話〉）をめぐる攻防の跡、地方と中央とを往来した神々の履歴を確認する。大和王権は出雲の神々を利用して〈建国神話〉を作ったが、出雲の人々はいつからそれを受け入れ、自ら「日本人」であると自覚するようになったのか。この列島における精神史上の「日本」誕生の一端を見届けてみたい。

※引用本文について

古事記は西郷信綱《のぶつな》『古事記注釈』全8巻（ちくま学芸文庫）、日本書紀は「日本古典文学大系」（岩波書店）、出雲国風土記は松本直樹『出雲国風土記注釈』（新典社）に拠ったが、本書内での統一を図るため、字体、仮名遣い、訓読、句読点の位置等を適宜改めた。また、現代語訳はいずれも著者の手による。なお、頻出する『古事記』『日本書紀』『出雲国風土記』の書名には『　』を省略し、その他の書名には『　』を付すこととする。

第I部〈建国神話〉の形成

島根県の出雲大社（杵築大社）。天に向かって高々と氷木（千木）がそびえている。古代には、より壮大な本殿を構えていたという。

第1章　神話から〈神話〉へ

1　新しい〈神話〉の作り方

†〈記紀神話〉とは何か

古事記・日本書紀の〈神話〉とは何か。序章でも述べたように、それは大和王権国家の由来と正当性を説くために、大和王権によって意図的に創作された〈神話〉である。建国の由来を説いていることから〈建国神話〉と呼ばれたり、大和王権が作ったことから〈王権神話〉と呼ばれたりもする。

まず天地創成から説き始め、イザナキ・イザナミの国生み神話、黄泉《よみ》の国の神話、アマテラス・スサノヲの誕生と二神の葛藤、アマテラスの天石屋《あめのいはや》隠れの神話、スサノヲのヲロチ退治、大国主神による国作りと国譲り、天孫降臨神話、海幸彦・山幸彦の神話などを経て、初代の神《じん》武《む》天皇が誕生するまでの、「神代《かむよ》」という一時代の〈歴史〉という形になっている。「天皇を中心とした大和王権がこの国家を統治することになった」という結論にむけて、基本的には淀みなく〈神話〉は展開し、そのまま神武・綏靖《すいぜい》（第二代）・安寧《あんねい》（第三代）……と歴代の天皇代に直結しているのだ。このように時間軸にそって長々と物語が展開するという点からは〈体系神話〉とも呼ばれていて、一般民衆が伝承していた素朴で小さな神話群とは区別されている。

ところで、なぜ国家の〈歴史〉を説くのに、神話という型が必要だったのだろうか。きっと神話が力を持っていたからに違いない。もともと神話は、人の生死をも決定をし、社会を規制する力をもって、村落共同体を形成していたのだ。たとえば、「神がかつてこのようなことをした→だから人は死ぬことになった」という神話があったとしよう。人が必ず死を迎える以上、その神話は絶対的であり、人は神話に対して無抵抗だったわけだ。だから、神話は社会の掟にもなり得た。かつて、この列島の上には、数知れない村落共同体があって、人々はそれぞれ独自の神を信仰し、独自の神話に従って生き、そして死んでいく、そんな時代があった。このような神話の力が、本書で「神話力」と呼ぶものの最初である。そして、神話であることを装って、「神話力」を利用して書かれたのが、大和王権の〈記紀神話〉なのである。

†神話と昔話との違い

神話は「いにしへ」の出来事を語るものである。それに対して、昔話は「むかし」の出来事を語るものである。「いにしへ」と「むかし」、どちらも遠い過去を指す言葉であるが、両者は語源からして意味が異なっている。

「いにしへ」の語源は「去《い》にし辺《へ》」で、「かつて通《とお》った所」の意味である。そこから一本道を通ってきたところに「今」が存在している。「いにしへ」は「今」に続く遠い過去である。品詞分解してみよう。「去《い》に」はナ行変格活用の動詞の連用形、「し」は過去の助動詞「き」の連体形で、名詞「辺」に続く。注目すべきは過去の助動詞「き」である。過去の助動詞には、「き」と「けり」があって、前者が直接経験の過去、後者が伝聞の過去を表すとされている。つまり「いにしへ」は、人が直接経験した、間違いなく通ってきた過去のことである。だからこそ「今」あること、「今」ある物を保証する神話は「いにしへ」に属しているのである。

では、神話は誰にとって紛れもない過去の経験なのだろうか。それは、神話を伝承し、神話に従って生きていた人々全員であったに違いない。つまり、神話とは「共同体が経験した事実」「共通の祖先神を通して人々が共有している過去の経験」なのである。

それに対して「むかし」の語源は「向《む》か岸《し》」で、「今」と反対の遠い過去である。「昔はこうだった」という時、そこには「今は違う」という意味が込められていよう。「むかし」と「今」はつながっていないのだ。

平安時代の物語文学は、たとえば「むかし男ありけり」（むかし一人の男がいたそうだ）で始まる。「むかし」は「今」とは反対の過去であり、だから「けり」という伝聞過去と呼応する。昔話になると、「むかしむかし、ある所に」と、場所も特定することなく始まり、最後が「……だとさ」という伝聞調で閉じられることになる。物語も昔話も、「今」に対してはいわば無責任な、信じられないような過去の出来事を語るスタイルであると言えよう。その点で、「今」につながり、「今」を規定する神話とはまったく違うものなのである。

†〈建国神話〉の時制

古事記・日本書紀の〈神話〉であるが、そこには過去の出来事を「き」という助動詞で表している明確な証拠がいくつか残されている。たとえば、古事記の黄泉の国の段では、逃げてゆくイザナキを追いかけたイザナミについて、「イザナミはイザナキに追いついたので、道敷《ちしき》の大神とも名付けた」という意味の文がある。そのことを古事記の原文に返り点を添えて示すと次のようになる。

以二其追斯伎斯一此三字以レ音而号二道敷大神一

文中には訓読を示す「此《こ》の三字は音《おん》を以《もち》ゐよ」という割注があって、直前にある「斯伎斯《しきし》」を一字一音の万葉仮名で訓読すべきことが分かる。それを踏まえて一文を訓読すると、

其《そ》の追《お》ひしきしを以《も》ちて、道敷《ちしきの》大神と号《なづ》く

となる。「追ひしき」は「追い及《し》き」（追いつく）の意味で、「及き」は「百聞は一見にしかず」（百聞は一見に及ばない）の「しか」と同じ語である。その下の「し」こそ、前に述べた直接経験の過去を表す助動詞「き」の連体形である。「追いついた」という紛れもない過去の事実が、イザナミの異名を保証しているのだ。

日本書紀の〈神話〉も同様である。一例をあげてみよう。天石屋《あめのいはや》に隠れた日の神を招き出すため、アメノコヤネという神が祝言を唱える場面である。原文には、

天児屋命則以神祝祝之

とあるが、その後に訓読のための本文注がついている。返り点と読みを付けて示す。

　神祝祝之、此《こヲ》云《いフ》二加《か》武《む》保《ほ》佐《さ》枳《き》保《ほ》佐《さ》枳《き》枳《きト》一

「神祝祝之」の四文字を「かむほさきほさきき」と読めとの指示である。だから先の一文は、

　天児屋命《あめのこやねのみこと》則《すなは》ち以《も》て神祝《かむほさ》き祝《ほさ》きき

と読むことが分かる。最後の「き」が直接経験の過去を表す「き」である。アメノコヤネの行為についての注ではあるが、もちろん日の神が石屋に隠れたことを含めて〈神話〉全体を紛れもない事実として記しているのである。

古事記や日本書紀の神々が「き」という過去に生きていたということは、「今」を説明するためにこそ古事記・日本書紀があることの証しであり、両書の〈神話〉が決して昔話や物語でないことを意味している。

†神話を装う方法

古事記・日本書紀は〈建国神話〉を助動詞「き」で記し、それが「今」を保証する本当の神話であることを装っていた。次に、内容面から神話の装いを確認してみよう。

新しい〈神話〉は、きっと自由には作れなかったと思う。理由は簡単である。勝手な〈神話〉を作っても、神話としての説得力などあるはずはないのだから。それぞれの土地で神話は代々伝承されてきた。「神話力」は長く伝承されてきた事実によって、より確かなものとなってきたに違いない。そのことをまったく無視したら、新しい〈神話〉など成り立たないのではないか。〈神話〉は神話を踏まえてこそ、〈神話〉たり得るのではないか。だから、大和王権が新しい〈神話〉を作ってゆく時も、そこに何らかの拘束力が働いていたと思うのである。

もしそうだとしたら、古事記や日本書紀の〈神話〉は、それぞれの編者が積極的に主張したいことだけを自由に記しているとは限らないことになる。「書きたくないが、この神のことを書かないわけにはいかなかった」とか、「本文からは逸《そ》れてしまうが、この神話がないと全体を信用してもらえないから書いた」という部分までを含んで成り立っているのかもしれない。それらの部分は、新しい〈神話〉の主題ではなく、新しい〈神話〉を神話らしく見せるための装いとして必要だったのではないか。

こうした〈神話〉の作り方は、〈神話〉の読み方にも関わってくる。古事記・日本書紀それぞれの〈神話〉を、ただ字面を追いながら「作品」として通読しても、そこからは編者の意図さえも読み取れないことになってしまうだろう。〈神話〉が「作品」であり得るとしたら、〈神話〉としての作られ方、形成過程を含めて読み解くべきではないだろうか。

これまで仮説を述べてきたが、事実として古事記・日本書紀の〈神話〉には、もともと民間で伝承されていた神話の痕跡があり、〈神話〉がゼロからの創作でないことを示している。また、天皇や有力氏族の系譜に連なる神々ばかりではなく、地方の神々がたくさん登場する。次節以降で、そうした神話としての装いを具体的に見てゆくことにする。

2　民間神話の痕跡を探る

†ヲロチ退治

古事記・日本書紀の〈神話〉の中で最もよく知られた一節として、スサノヲのヲロチ退治がある。古事記・日本書紀ともに、ほぼ同じ内容であるから、ここでは古事記を中心に見てゆこうと思う。その書き出しは次の通りである。現代語訳で紹介しよう。

スサノヲは高天原《たかまのはら》を追放されて、出雲の国の肥《ひ》の河上にある鳥髪《とりかみ》という所に降ってこられた。この時、箸《はし》がその河を流れてきたので、スサノヲが河上に人がいるとお思いになって河を遡っていかれたところ、老夫《おきな》と老女《おみな》がひとりの童女《をとめ》を間にして泣いていたのだった。スサノヲが「お前たちは誰だ」と尋ねると、老夫がこう答えた。「私は国つ神であるオホヤマツミの子です。私の名前はアシナヅチと言い、妻の名前はテナヅチと言い、娘の名前はクシナダヒメと言います」と。

スサノヲが高天原を追放されたという〈建国神話〉の展開を受けてヲロチ退治が始まる。舞台はもちろん出雲の国、現在の島根県東部である。「肥の河」は、現在の斐伊《ひい》川で、出雲国風土記《いづものくにふどき》で「出雲大川」とも呼ばれる出雲随一の河川である。中国山地に源を発し、出雲の国の幾つもの郡を経て、かつては日本海に注いでいた（現在は宍道湖《しんじこ》に続いている）。ヲロチ退治の舞台はその最上流部である。いま船通山《せんつうざん》と呼ばれる山が、スサノヲが降臨したとされる鳥髪山である。そこでスサノヲは、泣き悲しんでいる老夫婦と一人の娘に出会った。スサノヲが悲しむ理由を尋ねると、老夫アシナヅチは次のように答えた。

「私にはもともと八人の娘がいましたが、高志《こし》のヤマタノヲロチが年毎にやって来て喰らっていったのです。今そいつが来る時節になりました。だから泣いているのです」

高志《こし》とは、越前・越中・越後の「越《こし》」の国である。そこから、毎年ヲロチがやって来て、おそらくは一人一人と娘を喰らっていき、それがまたやって来る時節になったので、泣いているのだという。意外に思う人も少なくないだろうが、ヲロチは一年中ずっと出雲にいるわけではないのだ。続いて、ヲロチの姿が次のように描かれている。

「その目は赤いホオズキの実のようで、一つの体に八つの頭と八本の尾があります。また、その体には苔や檜や杉が生え、その体長は八つの渓谷、八つの丘にわたっていて、その腹を見ると、全体が常に血で爛《ただ》れています」

ヲロチは明らかに大蛇の怪物に違いないのだが、もともとは巨大な河川の神格化されたものであると言われている。舞台である出雲大川が、さしずめヲロチの正体ということになろうか。多くの支流を持ち、流域は苔むし、樹木が生い茂り、出雲の国を延々と流れてゆく。これは、確かに肥の河の描写である。血のような色は、砂鉄を採取する際に、川が真っ赤になったためだとも説かれている。確かに、肥の河の流域は、古代から製鉄が盛んであった。

さて、ヲロチが肥の河であるならば、一年中出雲に居るはずではないか。それが決まった時期にだけ出現するというのはどういうことなのだろうか。実は、ヲロチとは、いつもの穏やかな肥の河ではなく、たとえば梅雨や台風の季節など、決まった時期に氾濫する暴れ川としての姿を表しているのである。河川の氾濫は流域に住む人々に大きな被害をもたらしたであろう。ヲロチに狙われているのは、クシナダヒメ（日本書紀では「奇稲田姫《くしいなだひめ》」と記す）という水田の女神であり、とりわけ稲作が甚大な被害を被ったことを示しているように思う。

スサノヲは、クシナダヒメを自分に献上するかどうか、老夫に尋ねた。その際、老夫に名を尋ねられたスサノヲは次のように答えた。

「私はアマテラス大御神《おほみかみ》の同母弟《いろせ》である。それで、今、天から降《くだ》ってこられたのだぞ」

名を聞かれたのに、「スサノヲだ」と名のっていない。なぜだろうか。神でも人でも同じなのだが、本名とは、神や人の魂そのものであると考えられていたようだ。また、言葉（声で伝える言葉）には言霊《ことだま》がこもっていた。言葉は、命の象徴である息（万葉集では命のことを「息《いき》の緒《を》」という）とともに、体の中から発せられるからである。したがって、自分の言葉によって、自分の本名を相手に告げることとは、自分の命を相手に預けることを意味していたのだ。だから、主君に服従を誓う時、男女が互いに結婚を誓う時、人はまず自らの声で名のったのである。前に、老夫は自らアシナヅチだと名のったが、スサノヲは名のらない。この違いはもはや明白であろう。そこには、上下の関係があるのだ。では、スサノヲは、どうして上位なのだろう。それは自ら尊敬語を使って話しているとおり、「アマテラス大御神の同母弟」として「天から降ってこられた」からに他ならないのだ。

「天」とはこの場合、「高天原《たかまのはら》」を指す。天地創成の時から無条件に存在した絶対の世界であり、今、その世界を皇祖アマテラスが治めているのだ。だから、「アマテラス大御神の同母弟……天から……」というスサノヲの発言は、たいへん重い意味を持っているのである。このスサノヲの発言を受けて、「国つ神」側のアシナヅチは、「それならば恐れ多いことです。娘を奉りましょう」と言い、スサノヲの立場を全面的に認めている。そして、これ以後、スサノヲから言われるままに行動し、ヲロチの脅威を克服してゆくのである。

ヲロチの前に為《な》す術《すべ》もなかった国つ神の世界が、「天」の側の力によって克服されようとしているのだ。つまり、スサノヲのヲロチ退治とは、「天」の価値基準に従った国作りの一環なのである。河川の氾濫は、被害と同時に肥沃な土地も人々に与えてくれる。暴れ川をコントロールできた時、より豊かな稲の稔りがもたらされるのだ。スサノヲによる国作りは、この後、スサノヲの子孫であるオホクニヌシへと引き継がれてゆく。

さて、ヲロチ退治のこの後の展開はよく知られたとおりである。スサノヲの知略によってヲロチは倒され、尾の中からは「草薙《くさなぎ》の剣」という三種の神器《じんぎ》の一つが発見される。そして、スサノヲとクシナダヒメとが結婚することになる。

ヲロチ退治といえば出雲地方を舞台とした最も有名な神話であるのだが、不思議なことに出雲国風土記には載っていない。この話が大和王権の側で作られた可能性もあるのだ。では、大和王権はどのようにして、これを作ったのだろう。

†ペルセウス・アンドロメダ型神話

ペルセウスとアンドロメダは、ギリシャ神話に登場する神の名前である。英雄ペルセウスは怪物の魔の手からアンドロメダ姫を救出する。実は、スサノヲのヲロチ退治と、このギリシャ神話とはそっくりなのである。この神話の話型は世界中に分布していて、「ペルセウス・アンドロメダ型神話」と呼ばれている。あまりにも広い地域で伝承されていて、どこで発生し、どのように伝播《でんぱ》したのかを知ることは難しいが、それを伝承していた人々は政治や社会制度の違いを超えて、何らかの思想を無自覚に共有しながら、それぞれ独自の共同体の中に生きていた。

そして、その一つが確かにこの列島にも存在し、それを信じて生きていた人々がいたということである。さて、ペルセウス・アンドロメダ型神話のプロットはおよそ次の通りである。

①怪物（多くの場合、大蛇や竜の形）が人々に災いをもたらす。
②怪物は定期的にやってきて、一人の乙女を生贄《いけにえ》として要求する。
③そこに英雄が現れ、怪物を退治する。
④最後に、英雄と乙女とが結婚する。

ヲロチ退治は、まさしくペルセウス・アンドロメダ型神話の一つであることが分かるだろう。この神話には、世界中の諸民族に共通する思想や信仰の跡を認めなければならないはずだ。

怪物が定期的に現れるということには、何の意味があるのだろうか。それは、おそらく季節の移り変わりを表している。毎年、決まった時期に、必ず氾濫する巨大な河川があり、その氾濫が人の生活に甚大な被害をもたらしていた。それが定期的に訪れる怪物の正体ではないか。治水の進んだ現代の日本においてさえ、梅雨の時期や、台風シーズンには、必ずどこかの川が氾濫したというニュースが流れる。古代にあっては、雨の季節になれば、間違いなくその川は氾濫したはずだ。その時、古代人には何ができただろうか。

人は、自然を克服するために何をするか。世の東西を問わず、祭りを行うのだ。ペルセウス・アンドロメダ型神話には、生贄となってきた乙女の姿があり、それを克服した時に英雄神の妻となる乙女が登場する。神の妻となるのは、巫女《みこ》として神を祭ることに他ならない。「生贄」「巫女」、そこには祭りの匂いがする。クシナダヒメは、ただ老夫妻の娘であったのではなく、「童女《をとめ》」とされていた。未婚の若い女性であり、だからこそ、生贄にも巫女にもなることが出来たのだろう。ヲロチ退治も、ペルセウス・アンドロメダ型神話の一つとして、畏敬すべき自然と、それを克服する祭りのあり方を伝え、広く民衆に伝承されていたのだろう。

大和王権の〈神話〉の一節は、民衆の神話を利用して作られた。そう考えるのが自然であろう。その逆、つまり大和王権国家の起源を説くための〈体系神話〉を創作してみたら、たまたまその一部が世界中の民族に伝承されていたペルセウス・アンドロメダ型神話になってしまったということはありそうにない。

†コノハナノサクヤビメ

次に、古事記の〈神話〉からコノハナノサクヤビメの一節を取り上げる。皇祖ホノニニギが日向《ひむか》の高千穂《たかちほ》に降臨した後、皇祖として初めて国つ神の娘と婚姻関係を結ぶ一節である。

天津日高日子《あまつひこひこ》ホノニニギの命《みこと》は、笠沙《かささ》の御前《みさき》で、麗しい美人《をとめ》と出逢われた。そこでホノニニギが「誰の娘か」とお尋ねになると、美人は「オホヤマツミの娘で、名をカムアタツヒメ、亦《また》の名をコノハナノサクヤビメと申します」と答えた。またホノニニギが「お前に姉妹がいるか」とお尋ねになると、「私には姉のイハナガヒメがおります」とお答え申した。

「天津日高日子《あまつひこひこ》」とは、直系の皇祖神にだけ用いられる称辞《しょうじ》である。ホノニニギとは、稲穂が饒々《にぎにぎ》しく稔るという意味で、この神が穀霊《こくれい》であることを示している。笠沙《かささ》の岬は、薩摩半島先端部にある現在の野《の》間岬《まみさき》である。カムアタツヒメのアタとは、その辺りの地名であって、これとホノニニギとの結婚は、皇祖神の支配権が南九州に及んだことを意味している。

さて、そのカムアタツヒメには「亦の名」があった。それがコノハナノサクヤビメである。「亦の名」は、もともと別の神だったことを示している。別個の神による、別個の話を一つに統合する時などに、それら神々の名を「亦の名」として結んで一つの神にするのである（菅野雅雄著作集『古事記論叢Ⅰ　系譜』おうふう、参照）。イハナガヒメと姉妹関係にあるのはコノハナノサクヤビメの方であろう。カムアタツヒメ（アタの地のヒメ）と、イハナガヒメとは神名として対にはならないだろうし、日本書紀を見ても、イハナガヒメは必ずコノハナノサクヤビメと対になって現れるのである。
ホノニニギはこのヒメとの婚姻を希望したが、ヒメの父であるオホヤマツミは、姉妹をそろえてホノニニギに奉ることにした。それを受けてホノニニギのとった行動は次のとおりである。

その姉が甚だ「凶醜《みにく》」かったために、「見畏《みかしこ》」んで送り返し、ただ妹のコノハナノサクヤビメだけを留めて一夜の婚姻関係を結んだ。

ホノニニギはイハナガヒメとの結婚を拒んだのである。ヒメの父であるオホヤマツミは、そのことを恥じて、姉妹をそろえて送った理由を次のように告白した。

「私の娘を二人そろえて奉った理由は、「イハナガヒメをお使いになれば、〈天《あま》つ神《かみ》の御子《みこ》〉の命は、雪が零《ふ》り風が吹こうとも、恒《つね》に岩のように永遠に移ろうことがないでしょう。またコノハナノサクヤビメをお使いになれば、木の花が栄えるようにお栄えになるでしょう」とうけひをして献上したのです。こうしてイハナガヒメをお返しになり、ただコノハナノサクヤビメだけをお留めになられたので、〈天つ神の御子〉のお命は、木の花の「あまひのみ」でいらっしゃるでしょう」（以下、引用部の傍線は、主に、特に解説する箇所を示

す）

「天つ神の御子」とは「アマテラスの御子孫」の意味で、天皇直系の皇祖神および即位前の神武天皇を指す。

次に「うけひ」とは、言霊《ことだま》信仰に基づく呪術である。言葉で神に誓約したことが、神の判断によって実現するので、それが卜占《ぼくせん》になることもある。なお、オホヤマツミもホノニギももちろん神なのであるが、名前を持った神々は人態神《じんたいしん》として、人のやることは基本的にすべてやるのだ。だから、神が神に誓ったり、占いをしたり、神なのに神がかりにあったりもする。神話の論理で言えば、神々がやったからこそ、人もいま神に誓うし、占いもするということである。ただ、神が神に誓ったりする場合には、誓う相手の神には名前がなく、抽象的な存在になっていて、そこが上限と定まる仕組みになっている。

次に「あまひのみ」である。原文では「阿摩比能微」と一字一音の万葉仮名で記されている。「のみ」は限定を表す副助詞であるが、「あまひ」についてはいまだ定説を見ない。ただ文脈からすると「不完全に」とか「ほんの短い間」を意味していたと思われる。

さて、オホヤマツミのウケヒの結果はどうなったであろう。次にその結論が書かれている。

そういう訳で、今に至るまで天皇たちのお命が長くないのだ。

イハナガヒメを返した結果は、まさしくウケヒの通りとなった。古事記に出てくる天皇の寿命（宝算《ほうさん》）は、神武（初代）が一三七歳、孝安《こうあん》（第六代）が一二三歳、孝霊《こうれい》（第七代）が一〇六歳、崇神《すじん》（第十代）が一六八歳、垂仁《すいにん》（第十一代）が一五三歳、景行《けいこう》（第十二代）が一三七歳、応神《おうじん》（第十五代）が一三〇歳、雄略《ゆうりやく》（第二十一代）が一二四歳と、のきなみ百歳を超えている。

長いだろうか、短いだろうか。長いと言えば長いのだが、短いと言えば極めて短いとも言えるのである。それは天皇が、アマテラスの子孫であり、アマテラスの偉業（天津日継《あまつひつぎ》＝皇位）の継承者であるからだ。アマテラスの子孫であっても、アマテラスの子のオシホミミや、孫にあたるホノニニギは、少なくとも古事記では死を迎えないのに、同じ系譜に連なっている天皇が、現実には有限の寿命を持っている。そのことを合理的に説明するのが、ホノニニギとコノハナノサクヤビメの一節なのである。

†バナナタイプ（死の起源神話）

コノハナノサクヤビメの一節の素材となったのは、バナナタイプと呼ばれる死の起源神話である。世界中には様々な死の起源神話が伝えられている。人は死をどのように受け止めたらよいのか。この大きな命題を克服するのに、人々は神話の助けを必要としたのだ。

死の起源神話には五つの大きな型があるのだが、その一つがバナナタイプ（選択型）である。「不変の物と移ろいやすい物のうちから、人が後者を選択したために、それ以来、人は死ぬことになった」という型の神話である。インドネシアの神話では、神は「石」と「バナナ」を人に与えたが、人は「石」を食うことを拒否し、「バナナ」だけを食したので、それ以来、人は「石」のように永遠には生きられず、「バナナ」のように儚《はかな》い寿命を持ってしまったという内容である。選択型の別名「バナナタイプ」とは、インドネシアに多い「バナナ」の要素から名づけられたものである。「コノハナノサクヤビメかイハナガヒメか」という筋書きは、間違いなくこの選択型の死の起源神話に属しており、それを根拠に死を受け入れていた人々がこの列島上に暮らしていたのだ。

ただ、一つ大きな違いがある。それは、神話が人の死の起源を語るのに対し、コノハナノサクヤビメの話は、天皇が寿命を持つことを合理化している点である。これもヲロチ退治と同様に考えるのがよいだろう。つまり、もともと民衆が伝承していた「人の死の起源」を説く神話があり、大和王権がそれを素材として「神であるはずの天皇がなぜ死ぬのか」という一節にしつらえ直したということである。

†神話から〈神話〉へ

古事記の〈神話〉の中から二つの例を取り上げたが、古事記や日本書紀の〈神話〉の中には、他にも民間神話を素材にしたと思われる部分がある。

たとえば、海さち山さちの一節は、インドネシア起源の「釣針《つりばり》探求型（失われた釣針型）」と呼ばれる神話を素材としている。そこに、大和王権による隼人《はやと》（南九州にいた民族で、最後まで大和朝廷に反撥した民族）の支配を正当化するという政治的な意味をのせて作ったものである。民間に伝承されていた多くの神話を素材とし、それらを糊《のり》とハサミで切り接《つ》ぎして、大和王権の〈建国神話〉〈体系神話〉が作られたのだ。そして、それが今日まで古事記・日本書紀に伝えられているのである。

では、なぜこのような〈建国神話〉の作り方をしたのだろうか。繰り返しになるが、それは〈建国神話〉が、本来の神話が持っていた「神話力」（たとえば、人の死を絶対化する力）を必要としたからだ。〈建国神話〉を一から創作したら、それは「聞いたこともない奇抜な神々のお話」になりかねない。民衆が伝承し、よく知られた神話だからこそ、それを用い、そこに新しい意味を乗せて、新しい〈神話〉にしつらえ直すことが有効だったのである。

やはり、古事記・日本書紀の〈神話〉の全てに、編者が意図した政治的な意味合いがあるとも限らないように思う。ならば、古事記・日本書紀の〈神話〉を読む際には、少なくとも二つの層を意識しなければならないことになる。一つは諸外国の神話などとも共通する要素を持つ層、すなわち特定の権力の影響を受ける以前の神話の層であり、〈神話〉が神話としての装いのために必要とした層である。もう一つは大和王権国家の由来と正当性を説くために編まれた「神代《かむよ》」の〈歴史〉としての層である。

どの要素がもとの神話の層で、どの要素が新しい〈建国神話〉の層なのか。それを見極めることは、実はたいへん難しい。ただ、意識だけはしておきたいのである。

第2章　利用された出雲の神々

1　作られたスサノヲ像

†スサノヲの誕生

前章では、古事記・日本書紀の〈建国神話〉の素材に民間で伝承されていた神話が利用されていたことを論じた。本章では、〈建国神話〉に登場する地方の神々、とりわけその代表格とも言える出雲のスサノヲとオホナムチ（オホクニヌシ）を紹介したい。なぜ〈建国神話〉は、皇祖アマテラスを唯一絶対の神とはせず、彼らを登場させるのか。そして、どのように彼らの活躍を描いているのだろうか。

まずはスサノヲである。中央と地方の〈神話〉（あるいは神話）の間で、スサノヲほど性格の違う神はいない。古事記や日本書紀の一伝承（第五段一書第六）において、スサノヲは筑紫の日向《ひむか》でアマテラスとともに誕生したと伝えられる。あらすじはおよそ次のとおり。

イザナキ、イザナミの夫婦は、日本列島を次々に生みなし、さらに神々を生んでいったが、カグツチという火の神を出産したイザナミは、陰部に火傷を負って死んでしまった。イザナキは、亡き妻の後を追って黄泉の国に到ったが、そこで目にしたものは、腐乱して蛆虫《うじむし》の湧いた妻の死体であった。イザナキは黄泉《よも》つ醜女《しこめ》などに追われながら、命からがら地上世界に生還する。そして、黄泉の国の穢《けが》れを祓《はら》うべく、日向《ひむか》の橘《たちばな》の小門《をど》で禊《みそ》ぎをした。

なぜそのような遠い所にまで出掛けたのかと言えば、日向・橘といった地名が大事だったからである。地名はその土地の属性を表すので、日向は「日に向かう」縁起のよい地を意味している。また「橘」は不老不死の世界「常世《とこよ》の国」に由来する植物の名を持った地なのである。つまり黄泉の国の「闇」や「死」とは正反対の性質を持った土地だということである。そこでイザナキが左目を濯《すす》いだ時にアマテラスが、右目を濯いだ時にツクヨミが、そして鼻を濯いだ時にスサノヲが生まれたという。古事記では、イザナキがそれらを「三貴子《さんきし》」と呼び、それぞれに「高天原《たかまのはら》」「夜《よる》の食国《をすくに》」「海原」の統治を命じた。

また、日本書紀にはこれとは異なる伝承も掲載されている。第五段の主文や一書第一（主文、一書については第6章を参照）という伝承では、イザナキ・イザナミ二神の子として、日神・月神が生まれ、蛭児《ひるこ》を挟んで、スサノヲが生まれている。さらに、日本書紀の第五段一書第二の伝承では、イザナキが白銅鏡《ますみのかがみ》を左手に持った時にオホヒルメ（アマテラスの別名）が、右手に持った時にツクユミが、首を回した瞬間にスサノヲが生まれている。

このように、〈記紀神話〉の諸伝において、スサノヲの生まれ方は異なるが、イザナキ・イザナミ夫婦の子、あるいはイザナキの子として、アマテラス（日神・オホヒルメ）・ツクヨミ（月神・ツクユミ）の兄弟として誕生する点では共通している。また、「左目からアマテラス・右目からツクヨミ・鼻からスサノヲが誕生」（古事記と日本書紀の一書）、「左手の鏡からオホヒルメ・右手の鏡からツクユミ・首を回してスサノヲが誕生」（日本書紀の一書）、「日神→月神→蛭児→スサノヲの順に誕生」（日本書紀の主文）と、いずれのパターンでも、アマテラス（オホヒルメ）・ツクヨミ（ツクユミ）とスサノヲとの間に一線が画されていることも共通している。

†神名の由来

神の力や性格を知る上で、最も有力な手掛りになるのが神名である。八百万の神々が息づくこの列島において、人々の「こんな神がいそうだ」「こんな神がいて欲しい」という思いを負って、「こんな」を名前にもった神々が次から次へと誕生してきた。だから神名は、神格そのものである。

スサノヲという神名の由来については、古事記・日本書紀の〈神話〉における傍若無人な振る舞いから「荒れスサブ男」の意とか、一方的に「突きススム男」の意とする説がある。

いっぽうで「出雲国の須佐《すさ》（島根県出雲市）の男」という一地方神の名であるとする説もある。須佐にはスサノヲを祀る式内社《しきないしゃ》（『延喜式《えんぎしき》』神名帳《じんみょうちょう》に記載された朝廷公認の神社）である須佐神社があるし、出雲国風土記に記されたスサノヲ神話の分布から見ても、そこをスサノヲの本拠とするのは妥当であろう。となると、スサノヲはそもそも出雲の地方神であって、アマテラスやイザナキとは本来的な関係がないことになる。

スサブ男、須佐の男、いずれが正解なのだろうか。結論から言えば、どちらも正解である。正確に言うならば、その問いの立て方がそもそも不適当であって、神名は様々な解釈をされ、神話（もしくは〈神話〉）の間で別の神格を示すことがあるのだ。スサノヲの場合、もともと須佐の男という名の地方神が、荒れスサブ男に意味づけ直されたのである。

†須佐の男——出雲のスサノヲ

まず、出雲国風土記からスサノヲの関連記事をあげてみよう。スサノヲの関わる記事は全部で十二ある。そのうち八つはスサノヲ本人ではなく、その御子神《みこがみ》のものである。スサノヲ自身が活躍するのは、実は次の四ヶ所に過ぎないのだ。

① スサノヲは水平線・地平線の彼方まで巡回なさっていたが、この地にやって来られて次のようなお言葉を発せられた。「吾が御心《みこころ》は安《やす》平けく成りぬ（安らかになった）」と。だから此処《ここ》を「安来《やすき》」と言うのだ。（意宇《おう》郡安来郷《やすきのさと》）

② スサノヲは「ここは小さい土地だが国処《くにどころ》である。だから私の御名前を岩や木には付けまい」と仰って、そのまま御自分の御魂《みたま》をその地に鎮座させなさった。そしてそこに大須佐田《おほすさだ》・小須《をす》佐田《さだ》という田をお定めになった。だから此処を「須佐《すさ》」と言うのだ。（飯石《いひし》郡須佐郷《すさのさと》）

③ スサノヲが、佐世《させ》の木の葉を簪《かんざし》にして踊っていた時、頭に刺していた佐世の木の葉が地面に落ちた。だから此処を「佐世《させ》」と言うのだ。（大原《おほはら》郡佐世郷《させのさと》）

④ スサノヲは、御室《みむろ》を造《つく》らせなさって、此処にお泊りになった。だから此処を「御室《みむろ》」と言うのだ。（大原郡御室山《みむろやま》）

出雲国は、入海《いりうみ》（現在の宍道《しんじ》湖と中海《なかうみ》）を挟んで、島根半島と本土側に、大きく二つに分断されている。島根半島を本土に縫い付けていったという、有名な国引き神話（出雲国風土記、

図1　出雲国地図

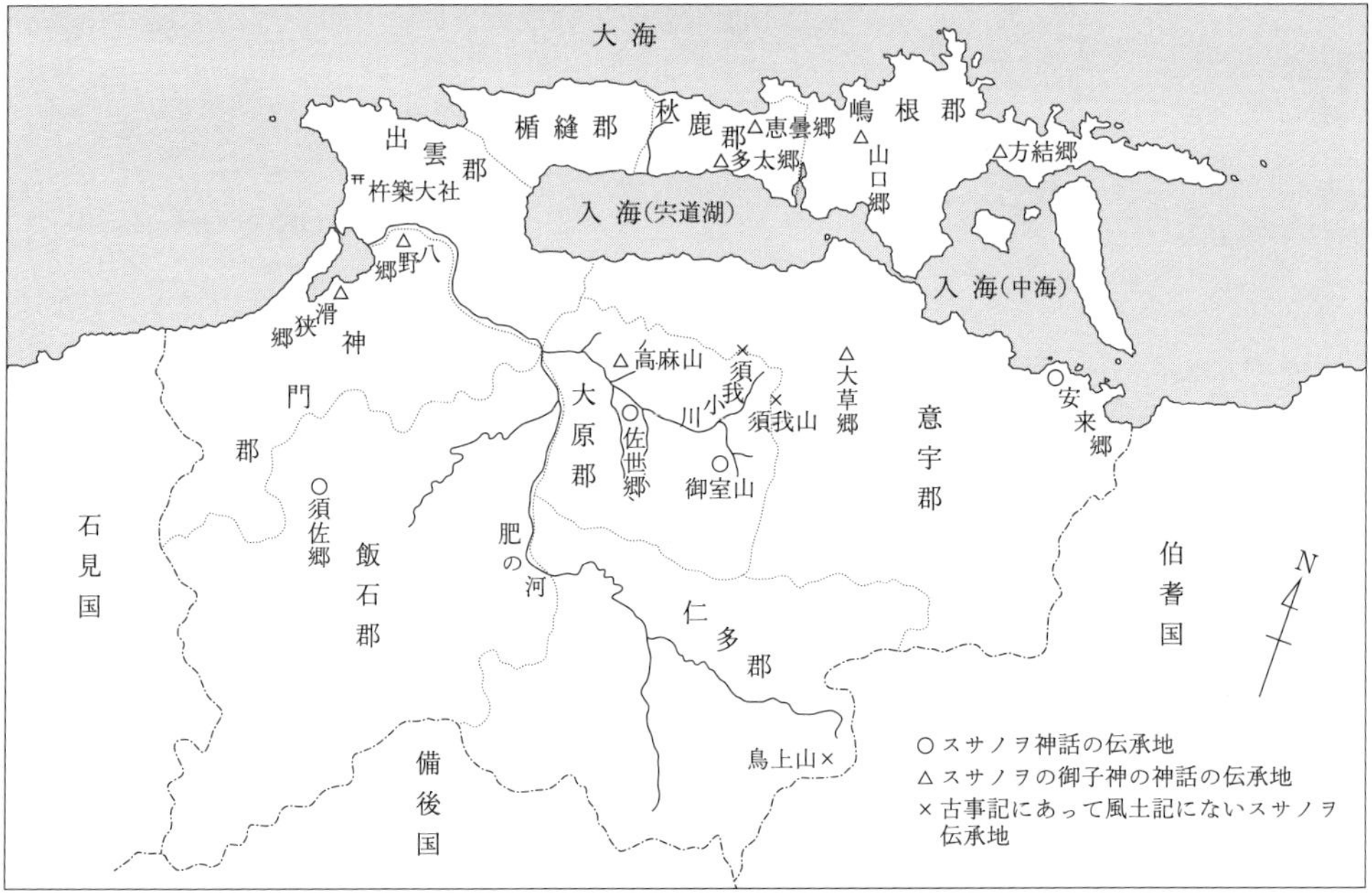
大海
出雲郡
杵築大社
楯縫郡
秋鹿郡
△恵曇郷
△多太郷
嶋根郡
△山口郷
△方結郷
入海(宍道湖)
入海(中海)
△八野郷
△滑狭郷
神門郡
○須佐郷
飯石郡
△高麻山
大原郡
○佐世郷
川
小我
×須
×須我山
○御室山
△大草郷
意宇郡
○安来郷
肥の河
仁多郡
鳥上山×
石見国
備後国
伯耆国
N
○スサノヲ神話の伝承地
△スサノヲの御子神の神話の伝承地
×古事記にあって風土記にないスサノヲ伝承地

意宇《おう》郡総記）は、こうした地形を背景にして誕生したに違いない。スサノヲの活動する神話の分布を見てみると、全てが本土側にあることが分かり、そこが本来のスサノヲ信仰圏であったらしい。島根半島の各郡にもスサノヲの名は見えるが、それらは全て御子神《みこがみ》（子供の神）の伝承である。本土側を中心に、次第に出雲全土に信仰圏を広めていき、登場回数においてもオホナムチに次ぐ第二位になった神である。

さて先に挙げた記事のうち、①は神の心境吐露にもとづく地名起源説話、②は神が土地誉めをし、そこに鎮座することに因んだ地名起源説話である。ともに、その土地が神によって選ばれ、祝福されたという意味を持っている。③、④を含めて四つの伝承には、大地震を起こし、田畑を破壊するような荒れスサブ姿は微塵もないし、またヲロチを退治する勇猛な姿もない。まさしく「須佐の男」と呼ぶに相応しい、地域の素朴な神の姿を見せているのである。それは、八つの御子神の伝承でも同じである。

†荒れすさぶ男――古事記のスサノヲ

どうやら、荒れすさぶスサノヲは、古事記や日本書紀の〈建国神話〉によって作られたイメージだと言えそうだ。スサノヲという神名は、「須佐の男」から「荒れスサブ男」へと再意味化されたに違いない。ここでは「荒れスサブ男」の〈神話〉を見てゆこう。

〈建国神話〉といっても、古事記と日本書紀は別物で、それぞれが独自の文脈を展開させている（スサノヲ神話に関しては、水林彪『記紀神話と王権の祭り（新訂版）』岩波書店、山田永『古事記スサノヲの研究』新典社など参照）。日本書紀の〈神話〉には、各段に「主文」と「一書」という複数の伝承があり、全体としてどう読むべきか、難しい問題を抱えている（第6章参照）ので、ここではまず古事記の〈スサノヲ神話〉を中心に見てゆきたいと思う。

古事記の〈神話〉の表の主役がアマテラスであることは間違いない。「アマテラスは疑いのない高天原の主宰神であり、世界を「照明」する力を持っている。だから、その子孫が国土を統治するために降臨してきた」と古事記は説いているのだ。ただ主役であるはずのアマテラスの影は、スサノヲの強烈な存在感の前では、むしろ希薄であるとさえ言えるだろう。見方を変えれば、スサノヲの強烈さが、アマテラスの存在を肯定しているとも言える。アマテラスのライバルとして一度は彼女と対抗しつつ、ついには敗者として退去するという、まさにアマテラスを引き立たせるための存在なのだ。

スサノヲは、イザナキによって「三貴子」の一人と称讃されながら、その直後に、独り命令に従わぬ者として「神《かむ》やらひ」（高天原からの追放）の裁定を言い渡される。スサノヲは誕生直後から、「貴」いながら追放されるべき者という一見矛盾した存在である。ただ、スサノヲの性質や神格に「矛盾」があっては、彼が担わされた役割を十分に果たすことは難しい。アマテラスの水田を破壊し尽くすスサノヲと、出雲に降ってヲロチを退治し、クシナダヒメという水田の女神を救出するスサノヲは、確かに一人のスサノヲである方がよいはずなのだ。繰り返しになるが、古事記の〈神話〉はスサノヲのために編まれたものではない。だが、アマテラスのために用意した文脈の中で、彼女を引き立てるために、スサノヲを一個の神格として描くことが是非とも必要だったはずである。

†啼きいさち――異常な幼児性

スサノヲは、「海原を統治せよ」というイザナキの命令に従わず、「八拳須《やつかひげ》、心《むね》の前《さき》に至るまで啼《な》きいさち（泣きわめくこと）」を続けていたという。この「啼きいさち」は不毛と旱魃《かんばつ》をもたらし、「悪《あら》ぶる神の音なひ、狭蠅《さばへ》如す皆満ち（悪神の声が田植えの頃の蠅のようにあたりに充満し）、万《よろづ》の物の妖《わざはひ》悉《ことごと》に発《おこ》りき」というカオスを招いた。「須」は「鬚《ひげ》」の省画で、顎《あご》ひげを意味する。顎ひげが胸元まで伸びたというのだから、これは成人男性の象徴で、このことが「啼きいさち」という幼児性の異常さを際立たせている。スサノヲ自身はその理由について、「僕《あ》は妣《はは》の国根《くにね》の堅州《かたす》国《くに》に罷《まか》らむと欲《おも》ふが故《ゆゑ》に哭《な》く（私は死母の国である根の堅州国に罷りたい。だから泣いているのだ）」と答えるのだが、これは事実なのだろうか。スサノヲがなぜ啼いてばかりいたのか、その原因を探るために、類似の表現を持つ別の伝承を見てみたい。傍線部が類似表現で、訓読文で掲げる。

垂仁《すいにん》天皇の皇子であるホムチワケは、八拳鬚《やつかひげ》、心《むね》の前《さき》に至るまで、真事《まこと》とはず（長いあご鬚が胸元に達するまで、まともな言葉を話さなかった）。今、空高く飛んでゆく白鳥の声を聞いて初めて顎を動かし、口をパクパクなさった。天皇は臣下に命じてその鳥を捕えさせ、皇子に見せたが、皇子が期待したとおりに言葉を話すことはなかった。ある日、天皇の夢に次のようなお告げがあった。「私の宮殿を天皇の宮殿と同じように整えて下されば、皇子はきっと言葉を話すだろう」と。天皇が太占《ふとまに》（牡鹿《おじか》の肩骨を焼く占い）をして、いずれの神のお告げかと占ったところ、その祟《たた》りは、出雲の大神の御心であった。（古事記、中巻、垂仁記）

三澤《みさは》の郷……オホナモチの大神の御子《みこ》であるアヂスキタカヒコは、御須髪八握《みひげやつかお》に生ふるまで、昼夜《よるひるな》哭き坐《ま》して辞通《ことかよ》はざりき（あご鬚が長く生えるまで昼夜を問わずお泣きになり、言葉が通わなかった）。ある夜、大神が夢の中で「御子が泣いている事情をお告げ下さい」と祈ったところ、すぐにその夜「御子が言葉を話すぞ」という夢をご覧になった。目覚めて御子に声をかけたところ、御子が「御澤《みさは》」と言葉を発したのだ。重ねて「どこを御澤と言ったのだ」とお尋ねになると、御子は走ってその場を出てゆき、川を渡り、坂の上に至って、「ここだ」と言った。その時、そこから澤の水が流れ出てお体が洗い清められた。だから此処を「三澤」と言うのだ。（出雲国風土記、仁多《にた》郡三澤郷《みさはのさと》）

垂仁天皇の皇子ホムチワケの場合は、顎ひげが長く伸びるまで「真事《まこと》」を発しなかったという。「真事」は「真言《まこと》」と同義で、意味の通った正真正銘の言葉を指す。だから、真事を発しないのは、スサノヲの「啼きいさち」と同じく、言語以前の世界にいたことを意味している。また、出雲国風土記のアヂスキタカヒコの場合は、スサノヲの「啼きいさち」と、ホムチワケの「真事とはず」と、その両者の表現を合せ持っている。このように「八拳鬚《やつかひげ》云々」「御須《みひ》髪八握《げやつか》云々」という類似表現は、ほとんど同じ異常性を示していると言ってよいだろう。三つの話がすべて出雲に関わっていることも偶然ではないだろう。

これらに共通するアゴヒゲを長く伸ばした男の異常性は何が原因なのか。ホムチワケの場合に最も明らかであり、それは神の祟《たた》りだという。アヂスキタカヒコの場合は、父神が夢を通じて何ものかと交渉し、その夢の告知の通り、御子が言葉を獲得し、その言葉どおりの場所から水が流れ出たというのだが、夢は人と神との対話チャンネルであるから、これも神の意思の表れと理解すべきであろう。佐藤正英は、このような事例から、スサノヲにも祟り神が憑いていると理解した（『古事記神話を読む』青土社）。祟り神と言い切ることには躊躇を覚えるが、自分以外の何ものかに支配されているというのが三者に共通する異常性であると言えるだろう。

†昇天と高天原の占拠

スサノヲは「妣《はは》の国根《くにね》の堅州国《かたすくに》に罷《まか》」りたいと言っていた。古事記によればスサノヲに母親はなく、ハハをどう理解するかは大きな問題である。ただ、この場面では「妣」という用字が意味を持っている。「妣」は『礼記《らいき》』などによって「死母」を意味する漢字であることが分かっている。そうすると、スサノヲはとんでもない発言をしたことになる。黄泉の国の穢れがやっと祓われて、そこで三貴子が誕生したという流れの中で、「妣」（死母）の世界への思慕は許されなかったに違いない。「日向《ひむか》」の「橘《たちばな》」で生まれたにもかかわらず、スサノヲの心はいまだに黄泉の世界に向いているのだ。「天照《あまてらす》」という名で世界を「照明」（天石屋戸《あめのいはやと》条）する神とは好対照であると言えよう。

スサノヲ自身の言葉によれば、彼は泣くほどまで「妣の国」に行きたかった。しかしスサノヲは高天原に昇ってゆく。その際にスサノヲは、

「アマテラスに事情を話してから退去しよう」

と独り言をいう。アマテラスは高天原を奪うつもりだと疑いを持ち、男装し、武装してスサノヲを待ち受ける。アマテラスの詰問を受けたスサノヲは、

「退去するに至った事情を報告するために参上した。異心《ことごころ》(怪しい気持ち)など何もない」

と釈明する。最初の発言が独白である以上、この言葉が意図的な嘘であるとは思えないし、現にイザナキとのやりとりを正直にアマテラスに語っている。だから、これが事実ならば問題はないが、スサノヲの乱暴によってアマテラスが石屋の中に隠れた世界には災いが充満した。その混沌とした様子が次のように表現されている。

万《よろづ》の神の声《おと》なひ、狭蠅《さばへ》なす満ち、万の妖《わざはひ》悉《ことごと》に発《おこ》りき。(天石屋戸条)

これはまさしくスサノヲの「啼きいさち」が招いた世界と同じである。

悪《あら》ぶる神の音なひ、狭蠅《さばへ》如《な》す皆満《みなみ》ち、万《よろづ》の物の妖《わざはひ》悉《ことごと》に発《おこ》りき。(スサノヲ啼泣条)

「悪しき神」が「万の神」に変っているが、そもそも騒音はカオスを表すから、この場合の「万の神」が邪神であることに疑いはない。結局、高天原はスサノヲの「啼きいさち」によって占拠されてしまった。やはりスサノヲの発言には説得力がない。そして独白を含めた発言が本心によるとすれば、心と行為が一致していないことになる。まとめると次のようになる。

（言葉＝心）「妣の国へ行きたい」⟷（行為）高天原に昇る
（言葉＝心）「高天原を奪う邪心はない」⟷（行為）高天原を占拠する

棚木恵子が「同時時間内における彼の心情と行為の間には矛盾がみられるのである。この矛盾を単純化して示せば、内的＝善意・外的＝暴悪」であると指摘する通りである（「スサノヲ神話の構想」『古代研究』一五）が、彼の異常性はすでに、「八拳須《やつかひげ》、心の前《むねさき》に至るまで啼きいさち」という表現で示されていたのだ。ホムチワケやアヂスキタカヒコと同じように、スサノヲも自分以外の何ものかによって動かされていたのである。そのように理解すれば、心と行為の不一致をうまく説明することができるのである。やはり、三者の異常性は偶然の一致ではなかったのだ。ただ、ホムチワケやアヂスキタカヒコの話とは異なり、スサノヲの場合には夢の告知も神の祟りも明示されず、スサノヲ以外のものは、何も表に出てこない。これはスサノヲ本人を描くことに主眼があったからだと思う。

†ウケヒ

アマテラスは、スサノヲの心を疑っていた。きっと高天原簒奪《さんだつ》の企みがあると。それでアマテラスは完全武装をしてスサノヲを待ち受けた。それに対してスサノヲは「異心《ことごころ》なし」と釈明する。前に述べた通り、スサノヲは意識的に嘘をついてはいないのだが、彼の行動は常に言葉（心）とは違う方向に向かってどんどん進行してしまう。ここで、スサノヲの心が「清明」（忠誠）であるかどうか、ウケヒと呼ばれる卜占に判定が委ねられる。まさに神の裁定を受けることになるのだ。

アマテラスがスサノヲに対して「では、お前の心が清明であることをどのように確かめたらよいのか」とお尋ねになったところ、スサノヲは次のようにお答えになった。「それぞれが、ウケヒをして子を生みましょう」と。

ウケヒとは、言霊《ことだま》信仰に基づく言語呪術である。発した言葉は現実のものとなって現れる。

そこに神意のような判定者が介在するとト占の要素を持つようになる。ウケヒというト占で問われるものは、「白黒」「正負」「成否」「正否」「勝敗」「有罪無罪」など〇か×か二者択一の判断であるが、通常のウケヒは「Aならば〇」とか「×ならばB」などと誓約の言葉を宣言してから行われる。この場合、神的な判定者（分かりやすく神としておこう）の側が、誓約の言葉に従って神意を伝えてくるので、結果は一目瞭然である。

たとえば、明日の天気で、心の清濁を判定するとしよう。「雨が降ったら濁心」とか「降らなければ清心」と宣言して明日を待てば、雨が降ったかどうかによって神意は明らかとなる。だから、ウケヒの結果は疑う余地もなく現れる。スサノヲの清明心（忠誠心）に関しても、日本書紀の全ての伝承が「男神を生んだら清心」という前提条件を示していて、男神を生みなしたスサノヲをウケヒにおける勝者と認定している。

†神意を誤読するスサノヲ

ところが、古事記の場合には言葉による誓約がなく、ただ「ウケヒをして子供を生もう」と言っているだけなのだ。そしてウケヒは次のように展開する。まずアマテラスがスサノヲの剣を用いて三柱（神は柱で数える）の女神を誕生させた。次にスサノヲがアマテラスの珠を用いて五柱の男神を誕生させた。その後、アマテラスが物実《ものざね》（誰の持ち物から生まれたか）の理屈によって、「三女神がスサノヲの子、五男神がアマテラスの子」だと認定した。その五男神の中には「正勝吾勝勝速日天之忍穂耳命《まさかつあかつかちはやひあめのおしほみみのみこと》」という皇祖が含まれている。

はたして結果はどう出たのであろうか。それについて次のような記述がある。

スサノヲがアマテラスに申し上げた。「私の心は清明である。だから私が生んだ子は手弱女《たわやめ》（嫋《たお》やかな女）である。このことから判断すれば、当然、我が勝った」と。そして勝さび《かち》に（勝者らしく）、アマテラスの田を破壊し、新嘗祭《にいなめさい》の祭殿に屎《くそ》をまき散らした。

スサノヲは「手弱女」を得たことが勝ちの証拠だと言った。争う意思がないことの根拠としては「女」と言うよりも「手弱女」の方が尤《もっと》もらしいからだろう。ただ、それにしても、「手弱女を得て勝った」とは、日本書紀の諸伝と著しく異なっている。日本書紀には五つのウケヒ伝承があるのだが、すべて「男を生む→勝利の証し」である。

このような状況に照らして、古事記の「手弱女→勝」は正しいのだろうか。実は、勝ち負けについての結果は、本文中に既に明示されていたのである。ウケヒで生まれた神の中に、勝ちを表す神がいるのだ。それが皇祖「正勝吾勝勝速日天之忍穂耳命《まさかつあかつかちはやひあめのおしほみみのみこと》」である。ウケヒの勝ち負けを問う文脈の中で「勝」を三つも名に持った神こそ、勝利の証しに違いない。スサノヲの「我が勝ち」という発言にも呼応するかのような神名ではないか。これは紛れもなく男である。

だとすれば、スサノヲは「正勝吾勝……」を生んだことにより勝利したか、もしくは、「正勝吾勝……」がアマテラスの子と定まった瞬間に勝利を逃したか、ウケヒの結果はそのどちらかの可能性しかない。だから「手弱女→勝」というスサノヲの発言が、ウケヒの正しい判定ではないことが明白である。スサノヲは神意を誤読し、それを言挙《ことあ》げしてしまったのだ。

前提条件のないウケヒにおいて、神意はどのように顕《あらわ》れるか分からない。たとえば、先ほどと同じ天気の例で考えてみればいい。「明日の天気で心の清濁を決めよう」とだけ言って明日を待ったら、どういう結果になるのか。晴れたからどうなのか、雨だからどうなのか、その判断はウケヒを行う側の解釈にかかってくるのだ。

一例として、カゴサカ王・オシクマ王の反逆物語から、ウケヒ狩りの場面を見てみたい。日本書紀と古事記それぞれの伝承は次の通りである。

カゴサカ王・オシクマ王は祈狩《うけひがり》をして言った。「もし事が成就するならば必ず良い獲物を得るだろう」と。そして二人の王が桟敷《さじき》に座っていた時である。赤い猪が突然現れて桟敷に登り、カゴサカ王を食い殺してしまった。それを見ていた兵士たちはみな怖気《おじけ》づき、オシクマ王は「これは大いに「怪」しい現象である。ここで敵を待つべきでない」と言って、

軍を引いて帰った。（日本書紀、神功皇后《じんぐう》摂政元年二月）

神功皇后の一行が都に向かっていた時のこと。それを聞きつけたカゴサカ王・オシクマ王は、待ち伏せして一行を殺そうと企て、まずウケヒ狩りをした。カゴサカ王がクヌギの木に登っていた時である。大きな怒り猪《いかゐ》が現れて、そのクヌギを掘り倒し、カゴサカ王を食ってしまった。弟のオシクマ王はその事態を恐れもせず、挙兵して戦いを挑んだが、そのまま敗れて海に身を投げたのだった。（古事記、中巻、仲哀《ちゆうあい》天皇）

日本書紀の場合、「良き獣《しし》を獲《え》む（狩の成功）→戦勝」と言葉で宣言した上でウケヒ狩りを行っている。オシクマ王は、カゴサカ王が赤猪《あかゐ》に殺されたことを「怪」と判断して、ひとまず軍を引く。それに対して、古事記のオシクマ王は、カゴサカ王の変死に畏れを感じることもなく、そのまま戦いを挑んで死に到る。この場合、オシクマ王が敗戦した原因は、ウケヒの神意を理解できなかったことにあると読み取ることができよう。

ウケヒ狩りにおける吉凶の判断基準が、狩の成否にあるのは自明のことかもしれないが、日本書紀のようにそれを宣言したのでは、「恐れもせず」という古事記の文脈展開はあり得ない。古事記はウケヒの前提条件を省くことによって、オシクマ王に神意を誤解する機会を与えているのだ。スサノヲ・アマテラスのウケヒ生みの場合も同じではないだろうか。言葉による前提条件を欠くことは、ウケヒ実習者の神意理解力を試すという、ウケヒ本来の目的とは別の方向へと文脈が導かれることになる。

【ふつうのウケヒ】言葉の宣誓「○ならA」　神意「A」↓判定「○」確定
　　　　　　　　　　　　　　　　　　　　　神意「B」↓判定「×」確定

【古事記のウケヒ】言葉の宣誓なし↓神意「A」↓神意の解釈↓判定「○」正解？　誤解？

†祭りと政事

　神というものは、祟《たた》りであったり、託宣であったり、夢の告知であったり、さまざまな形で信号を発してくる。そして多くの場合、自らの祭祀を求めてくる。神の意思を正確に聞きとめることは、その神を正しく祭るための条件であり、祭りと政事《まつりごと》とが不可分であった時代には、政務執行者としての資格にも関わるほどの重要性を持っていた。

　たとえば、神の正身《むざね》（本体）を神の使いと誤認したヤマトタケルは、誤った言挙げをしたことをきっかけに力を失い死に向う。太子でありながら彼が即位することはなかった。仲哀《ちゆうあい》天皇は、皇后に憑依した神の託宣が真実であることを見抜けずに、神によって天下統治権を否定されて崩御に到る。それらと同様に、スサノヲはウケヒの結果を先の通りに誤解して「手弱女→勝利」の言挙げをしてしまった。これによってスサノヲは、神意理解力の不足を露呈し、政事の執行者として不適格であることを暴露してしまったのである。

これは古事記が用意した仕掛けであると思う。古事記はウケヒの前提を敢えて省くことで、ウケヒの文脈を神意理解力の問題へとスライドさせていったのである。これこそが、古事記が独自に用意したウケヒ神話の主文脈ではなかったろうか。

ところで、そもそもウケヒで問われていたスサノヲの清明心はどうだったのだろう。これを知る手がかりはアマテラスの態度にある。昇天してきたスサノヲを、完全武装で待ち受けたアマテラスが、ウケヒを挟んで態度を一変させているのだ。スサノヲは勝ちにまかせて、アマテラスの水田を破壊し、新嘗祭の祭殿を汚した。この行為が、農耕社会においてどれほど重い罪に当たるかは想像に難くない。しかしアマテラスは咎《とが》めることをしなかった。アマテラスはウケヒの結果を「スサノヲに清明心あり」と読み解いたのだろう。ウケヒは子を「生む」ことによって行われたのであるから、おそらく日本書紀の諸伝と同様、スサノヲは男神「正勝吾勝《まさかつあかつ》……」を生んだことで清明心を証明したのだと思う。ではなぜ乱行に及んだのか。そもそもスサノヲの心と行為が一致していないからである。

†祓えと神やらい――追放のいきさつ

スサノヲは心と行為が一致しない状態にあった。心が清明であっても、行為は常に暴悪であった。スサノヲは、八百万《やほよろづ》の神から「神《かむ》やらい」（追放）の判決を受けるが、今回は素直に従い高天原を退去する。その場面である。

八百万の神は皆で協議をし、スサノヲに千位《ちくら》の置戸《おきと》（贖罪のための沢山の品物）を科し、また、鬚《ひげ》と手足の爪とを切り、祓《はら》えを科して、神やらいに追放した。

鬚や爪が切られるのは、西條勉が言うように「みな身体に生じ、しかも身体から分離しうるもの」で、「これらを分離することによって、これらに罪を移し身を浄めることができる」という考えに基づくのである（「スサノヲの追放と大祓」『国文学研究』七五）。

祓えの後に残るのは、何物にも汚されていない自身である。スサノヲに憑いていたのが何ものかは分からないが、ここでスサノヲは初めて純粋な自分になって、心に従って行動できる状態になったのではないか。清明心に反して高天原を支配することもなく、追放処分に逆らう根拠もなくなったと言える。

ただ、スサノヲの心はもとより「妣《はは》(死母)の国」を志向しており、高天原からの「照明」による世界統治には不具合な存在であった。ウケヒの神意を誤読したことで、確かに政務執行者として不適切であることも暴露されてしまった。八百万の神は、アマテラスの「照明」による世界統治を決定し、統治者としては不適当なスサノヲを高天原から追放したのである。

スサノヲはこの後、出雲に降りてヤマタノヲロチを退治する。ヲロチの魔の手から救出したのは、クシナダヒメという水田の女神であった。高天原で水田を破壊し尽くした面影はもはや微塵もないのだ。後にスサノヲは、自らの子孫であるオホクニヌシを育成し、皇祖が統治するための国土の完成を目指すのである。それは、「アマテラスの同母弟《いろせ》である」(ヲロチ退治条)と自ら名のるように、皇祖の実弟としての事業なのであった。

†〈建国神話〉におけるスサノヲの役割

本節のまとめをしておこう。スサノヲは出雲の国の特定の範囲で信仰されていた地方の有力神であったと推測できる。出雲国風土記のスサノヲは、素朴な「須佐の男」の姿を見せていた。古事記と日本書紀の〈神話〉に見られる猛々しい性格は、「須佐の男」を「すさぶ男」と意味づけなおしたものであろう。中でも〈神話〉を一本化する古事記は、スサノヲをひとつの神格として、内部で破綻させることなく描くことに成功している。「貴」い武勇の英雄でありながら、統治者として不適当なスサノヲは、アマテラスの引き立て役となり、アマテラスに代って地上の怪物を退治する。地方の有力神はこのように取り込まれ、利用されたのである。

スサノヲの立場は、その子孫であるオホクニヌシの位置づけにも大きく関わってくる。アマテラスの子孫としての天皇が国の統治者になる〈建国神話〉の筋書きの中で、オホクニヌシ（大国主）という名の国土の支配神はどのように描かれているのか、そして祖先としてのスサノヲはどのような役割を果たすのか、次節で述べることとする。

2　作られたオホクニヌシ

†オホクニヌシの誕生

オホクニヌシはいうまでもなく出雲を代表する神であり、現在も出雲大社に祀られている。オホクニヌシの出自に関しては、古事記と日本書紀が詳しく記している。

ヤマタノヲロチを退治したスサノヲは、出雲の国内に宮所《みやどころ》を求め、ついに須賀《すが》の地に至って「我が御心《みこころ》すがすがし」と発言し、そこに宮を作った。これが須賀の地名起源である。そこで、スサノヲが詠んだ「八雲《やくも》立《た》つ　出雲《いづも》八重垣《やへがき》　妻籠《つまご》みに　八重垣《やへがき》作《つく》る　その八重垣を」が、『古今集』仮名序などで和歌の始めとされる歌である。その後にスサノヲの子孫の系譜が紹介され、オホクニヌシの名はその時に現れる。訓読文で示す。割注には（　）を付した（以下同じ）。

故《かれ》、其の櫛名田比売《くしなだひめ》を以《も》ちて、くみどに起《おこ》して（寝所で性交渉をして）、生める神の名は、八嶋士奴美神《やしまじぬみのかみ》と謂《い》ふ。又、大山津見神《おほやまつみのかみ》の女《むすめ》、名は神大市比売《かむおほいちひめ》を娶《めと》して生める子は、大年神《おほとしのかみ》。次に宇迦之御魂神《うかのみたまのかみ》（二柱《ふたはしら》）。兄八嶋士奴美神《やしまじぬみのかみ》、大山津見神《おほやまつみのかみ》の女《むすめ》、名は木花知流比売《このはなちるひめ》を娶《めと》して生める子は、布波能母遅久奴須奴神《ふはのもぢくぬすぬのかみ》。此《こ》の神、淤迦美神《おかみのかみ》の女《むすめ》、名は日河比売《ひかはひめ》を娶《めと》して生める子は、深淵之水夜礼花神《ふかぶちのみづやれはなのかみ》。此の神、天之都度閇知泥神《あめのつどへちねのかみ》を娶《めと》して生める子は、淤美豆奴神《おみづぬのかみ》。此の神、布怒豆怒神《ふのづののかみ》の女《むすめ》、名は布帝耳神《ふてみみのかみ》を娶《めと》して生める子は、天之冬衣神《あめのふゆきぬのかみ》。此の神、刺国大神《さしくにおほのかみ》の女《むすめ》、名は刺国若比売《さしくにわかひめ》を娶《めと》して生める子は、大国主神《おほくにぬしのかみ》。亦の名は大穴牟遅神《おほなむちのかみ》と謂ひ、亦の名は葦原色許男神《あしはらしこをのかみ》と謂ひ、亦の名は八千矛神《やちほこのかみ》と謂ひ、亦の名は宇都志国玉神《うつしくにだまのかみ》と謂ひ、幷《あは》せて五つの名有り。

古事記の系譜は、父親の家を中心とした父系の系譜である。だから、「男神、女神を娶《めと》して生める子は［　］」（原文「男神娶㆓女神㆒生子［　］㆒」）とある「生」は、男神を主語とした、いわば形式的な「生」であり、「父親の家の子孫を儲けた」という意味合いになる。これによるとオホクニヌシは、スサノヲ本家の嫡流《ちやくりゆう》の子孫（六世孫）として誕生したことになる。日本書紀には次のようにある。場面はほぼ古事記と同じと言ってよい。

乃《すなは》ち相与《とも》に遘合《みとのまぐはひ》して、児《みこ》、大己貴神《おほなむちのかみ》を生む。（第八段主文）

ここにオホクニヌシという名は見られないのだが、古事記がオホクニヌシの別名とするオホナムチがスサノヲの子として誕生したとある。子供か、六世孫かの違いはあるものの、スサノヲとオホクニヌシ（オホナムチ）とが、直系の系譜上にある点では同じだ。古事記・日本書紀の〈神話〉を見るかぎり、そのことには揺ぎがないかのようである。

また、同じく日本書紀第八段の異伝（一書）の方には次のようにある。

一書《あるふみ》に曰《いは》く、大国主神《おほくにぬしのかみ》、亦《また》の名《みな》は大物主神《おほものぬしのかみ》、亦《また》は国作大己貴命《くにつくりのおほなむちのみこと》と号《まを》す。亦は葦原醜男《あしはらしこを》と曰《まを》す。亦は八千戈神《やちほこのかみ》と曰す。亦は大国玉神《おほくにたまのかみ》と曰す。亦は顕国玉神《うつしくにだまのかみ》と曰す。（一書第六）

†七つの名前

オホクニヌシは合わせて七つの名を持つとされる。先の古事記でも五つの名があった。前にも述べたとおり、神を信じる人々が「こんな神がいて欲しい」と思い、「こんな」を神名に託した瞬間に、人々の頭の中で神は誕生する。だから、神名とは、神の性格そのものを表している。オホクニヌシは「大国主」という文字通りの国土支配神だが、他の名前はどうだろうか。

ヤチホコの神の場合、ヤチは「八千」で「多数」を意味し、ホコは「矛」だから、「多くの矛を持った神」である。矛は武器だが、時として祭具にもなり、神話世界では男根の象徴ともなり得る。また、オホナムチには諸説あるが、たとえば「大《おほ》」+「地《な》」+「貴《むち》」で、「貴い大地の神」とする説も有力であろう。さらにアシハラシコヲは、地上世界である「葦原中国《あしはらのなかつくに》」の「醜男《しこを》」の意味で、「葦原中国にいる鬼のように頑強な男」ていどの意味になる。

つまり、みな別物なのだ。それら別々の神格に何らかの共通点があったりすると、いつのまにか各々が同神として信仰されるようになったり、或いは宗教的な価値観を共有するために意図的に同神とされることもある。

実を言うと、オホクニヌシとは、他の四つの神名＝神格（古事記）、六つの神名＝神格（日本書紀）を合わせて、新しく作り出された「大いなる国の主」なのである。多くの神名の中で、最も有名なオホクニヌシこそが、実は最も新しい神名＝神格だったというわけである。

†オホクニヌシなんていなかった

出雲には出雲国風土記《いづものくにふどき》がほぼ完本の形で残されている。天平五年（七三三）の成立で、中央で古事記ができて二十一年後、日本書紀の成立からも十三年が経過している。

出雲ゆかりの神々の神話に彩られた風土記であり、その中で、登場回数において圧倒的な第一位を誇るのがオホナムチであるが、そこにはただの一度もオホクニヌシという名前、つまり神格が登場しないのだ。おそらく出雲にはもともとオホクニヌシなどという神は存在しなかったのだろう。神が存在しなかったというのは、すなわち信仰がなかったということである。出雲では、他ならぬオホナムチこそが、当国第一位の神として篤い信仰を集めていたのである。

それればかりではない。出雲国風土記にはスサノヲとオホナムチとの系譜関係を示す記事がひとつもないのだ。スサノヲは出雲国風土記で登場回数第二位であり、その御子とされる神も多い。このような状況からすると、スサノヲ・オホナムチの系譜関係は、もともと出雲の神話世界にはなかったと見るべきである。まとめると次のようになる。

① オホクニヌシは大和王権の〈神話〉が作り出した新しい神格である。

② スサノヲとオホクニヌシ（オホナムチ）との直系の系譜関係も、同じく大和王権の〈神話〉が作り出したものである。

古事記・日本書紀の〈神話〉は、天皇を中心とした大和王権の由来と正当性を説くために作られたものである。だからその結論は、「アマテラスの子孫である皇祖が国を支配する」ということなのであって、それを受けて、神武以下の歴代天皇が天下を統治してゆくわけである。その中で、なぜあえて「大国主」という名の、国土支配神を創造しなければならなかったのか。古事記と日本書紀の〈建国神話〉が、オホクニヌシをどのような国主として描いているかを、以下に見てゆくことにする。おそらくこのことは、同じ〈神話〉が作り出したスサノヲとオホクニヌシとの直系の系譜関係とも、大いに関わるものと推測することができる。

†古事記のオホクニヌシ

日本建国の〈神話〉といっても古事記と日本書紀は同じではない。古事記・日本書紀それぞれの〈神話〉は、ある一定の振り幅の〈建国神話〉の常識の範囲で、独自の文脈を展開させ、独自の主張を行っているのである。オホクニヌシの存在をより詳細に描くのは古事記の方なので、ここでは古事記の文脈をたどってみることにする。

① スサノヲの系譜

スサノヲ直系の六世孫としてオホクニヌシが誕生する。オホクニヌシは、オホナムチ・アシハラシコヲ・ウツシクニダマ・ヤチホコという、合わせて五つの名を持つ。この話を挟んで、〈神話〉の主人公もスサノヲからオホクニヌシへと交代する。

② 因幡の素兎の話

オホクニヌシを主人公とする〈神話〉の冒頭である。訓読文であげる。

故《かれ》、此の大国主神《おほくにぬしのかみ》の兄弟《あにおと》、八十神《やそがみ》坐《ま》しき。然れども、皆国は大国主神に避《さ》りき。避《さ》りし所《ゆ》以《ゑ》は、其の八十神、各《おのおの》稲羽《いなば》の八上比売《やがみひめ》を婚《よば》はむの心有りて、共《とも》に稲羽《いなば》に行きし時、大穴《おほな》牟遅神《むちのかみ》に帒《ふくろ》を負《おほ》せ、従者《ともびと》と為《し》て率《ゐ》て往《ゆ》きき。

「八十神《やそがみ》」とは大勢の神々、「避《さ》る」とは身を引いて譲るという意味である。つまりオホクニヌシの大勢の兄弟は、国をみなオホクニヌシに譲ったというのだが、これはごく当たり前のことではないか。大勢の神々がそれぞれ国を領有していたら、そもそもオホクニヌシなど存在するはずがないのであるから。だから、「避《さ》りし所以《ゆゑ》は」（身を引いて譲った所以は）とは、「オホクニヌシが誕生した所以は」という意味にほぼ等しいことになる。これから始まる〈オホクニヌシ神話〉が、オホクニヌシ誕生の物語であるという宣言だと言ってもよい。

ところで、冒頭からオホクニヌシという名で登場しながら、「避りし所以は」以下、突如として別名のオホナムチに変わっているのはどのようなわけであろう。答えは簡単である。オホクニヌシが誕生するのは、一連の物語の結論なのであって、それを最初に示したわけである。それに続けて、「オホクニヌシ誕生の所以を説くと、それは彼がまだオホナムチだったころの話だが……」という具合に、ここからいきさつを説いてゆくのである。この後、地の文にオホクニヌシの名前が出てくるのは、ずっとずっと先のことになる。

稲羽《いなば》の素兎《しろうさぎ》の条では、傷の治療が重要なテーマとなっている。傷や病気の治療ができるかできないかは、国を治める者としての資質の問題に関わっていること、西郷信綱が説く通りである（『古事記の世界』岩波新書）。オホナムチは傷の治療をすることができたが、八十神はできなかった。できなかった理由が、知識不足によるのか、性格上の問題なのかは分からないが、治療ができなかったことに変わりはない。その結果どうなったか。八上比売《やがみひめ》は、八十神との結婚を拒否し、オホナムチに結婚の意思を伝えることになったのだ。

「八上《やがみ》」とは、因幡《いなば》の国（鳥取県東部）の地名であることが知られており、ヤガミヒメとはいわばその土地を代表する女性である。こうした女性は、宗教的能力（巫女的な能力）を持って、その土地の神を祭る存在だったと考えられている。そういう女性と結婚することは、国の宗教的支配権の獲得を意味していたのだ。だから男の王は各地のヒメと婚姻関係を結ぶ必要があり、これが色好みの王の物語を形作っていったのである。

素兎条の趣旨はもはや明白であろう。傷の治療をすることができたオホナムチが、将来、国の王つまりオホクニヌシになるべき資質を備えていることを示しているのである。

③ 八十神の迫害

ヤガミヒメと婚約したオホナムチは、ただの従者から、八十神のライバルになった。そこで八十神はオホナムチの排除を目論むことになる。オホナムチは愚かにも、八十神の策略にまんまとはまり、二度も殺害されるが、そのたびに母親らの力によって復活を遂げる。死と復活は、通過儀礼に認められる要素で、こうした試練を経て、オホナムチは少しずつ成長を遂げてゆく。騙され続けていた「愚かさ」が最後にどうなるかも見届けたい。

④ 根堅州国訪問

オホナムチは、母親の教えに従い、スサノヲのいる根堅州国《ねのかたすくに》を訪問する。オホナムチを出迎えたのはスサノヲの娘スセリビメであった。スセリビメはオホナムチを「麗《うるは》しき神」と認めて結婚したが、スサノヲは「アシハラシコヲ」だと言って、それに数々の試練を課すことになる。シコヲとは「醜男《しこを》」のことであるが、「醜《しこ》」には不気味なほど頑強といったニュアンスが含まれており、単に醜い男を言うのではない。アシハラシコヲのアシハラとは「葦原中国《あしはらのなかつくに》」という地上世界のことであるから、根堅州国のスサノヲが、オホナムチといういわば異界の存在を、畏怖の念をもって迎えたということであろう。

ただ、「醜《しこ》」が単なる醜悪の意でないにしても、スセリビメの言った「麗し」とは対照的である。オホナムチは、スセリビメとスサノヲから正反対の評価を受けて迎えられたわけだ。この後、スサノヲはオホナムチに数々の試練を課し、スセリビメはオホナムチを献身的に支援する。試練とその克服は成年式の反映だとされている。たとえば、南太平洋の島国を発祥とするバンジージャンプはもともと大人社会への入門式における試練であった。だとすると、「醜男」だと言ったスサノヲと、「麗しき神」だと言ったスセリビメとが、それぞれ反対の立場から、オホナムチの成長を助けたことになる。根堅州国を去る時のオホナムチは、もはや騙され続けた未熟な神ではなく、スサノヲを騙すほどの知恵の持ち主となっていた。

⑤ スサノヲの四つの指令

自らの試練を克服したオホナムチに対して、スサノヲは次のような四つの指令を出す。

1　其の汝《いまし》が持《も》てる生大刀《いくたち》・生弓矢《いくゆみや》を以《も》ちて、汝《いまし》が庶兄弟《ままあにおと》をば、坂《さか》の御尾《みを》に追ひ伏《ふ》せ、亦《また》河の瀬に追ひ撥《はら》ひて、おれ大国主神《おほくにぬしのかみ》と為《な》り（おまえが大国主の神となり）、

2　亦《また》、宇都志国玉神《うつしくにだまのかみ》と為《な》りて、

3　其の我が女《むすめ》、須世理毘売《すせりびめ》を嫡妻《むかひめ》（正妻）と為《し》て、

4　宇迦能《うかの》山の山本に、底津石根《そこついはね》に宮柱《みやばしら》ふとしり、高天原《たかまのはら》に氷椽《ひぎ》たかしりて居《を》れ。

1の「生大刀《いくたち》・生弓矢《いくゆみや》」は、「生命力あふれる大刀と弓矢」の意味で、オホナムチが根堅州国《ねのかたすくに》から奪ってきたスサノヲの武力の象徴である。「庶兄弟《ままあにおと》」とは兄弟の「八十神」を指す。また「坂」は境に通じる言葉であるから、「河の瀬」とともに境界を意味する。つまり1の指令とは、「武力で八十神を追い払い、国境を取り払ってオホクニヌシとなれ」という意味になる。

2は、国魂《くにだま》（国に宿る神霊）を統括して、「宗教的な支配者となれ」という内容であろう。

3は、「スセリビメを嫡妻《むかひめ》（正妻）にせよ」というもので、実はこれが将来オホクニヌシの大きな足かせになる。

4の「宇迦能山《うかのやま》」は杵築大社《きつきたいしゃ》（出雲大社）の裏手の山塊である。「底津石根《そこついはね》に宮柱《みやばしら》ふとしり、

高天原《たかまのはら》に氷椽《ひぎ》たかしりて居《を》れ」は、「地底深くの岩盤に、宮殿の柱を立派に立て、高天原に届くほど高々と氷椽《ひぎ》（千木《ちぎ》）を構えて、そこに居れ」という意味だが、奈良朝までに成立した古代の「祝詞《のりと》」（『延喜式《えんぎしき》』巻八）などによると、天皇や皇祖神の宮殿を賛美する定型の表現であったことが分かる。つまり4は、「天皇や皇祖神の宮殿に匹敵する壮大、荘厳な宮殿に居れ」との指令であり、結果的には杵築大社の創建と、そこへの鎮座を意味している。

⑥ 指令1の実行

これらの指令を受けて、オホナムチはその一つ一つを遂行してゆく。まず、

故《かれ》、其の大刀《たち》・弓《ゆみ》を持ちて、其の八十神《やそがみ》を追《お》ひ避《さ》くる時に、坂の御尾《みを》毎《ごと》に追ひ伏《ふ》せ、河の瀬毎《ごと》に追ひ撥《はら》ひて、始めて国を作りたまひき。

とあるように、1をそのまま実行した。〈オホクニヌシ神話〉は、「八十神はみな国をオホクニヌシに譲った、その所以は」として始まったが、ほぼそれに当たることがここで成し遂げられたと言ってよいだろう。

⑦ 指令2の実行――ヤガミヒメ・ヌナカハヒメとの婚姻

続いてオホクニヌシは、素兎条《しろうさぎ》で婚約していた稲羽《いなば》のヤガミヒメと結婚し、さらに越《こし》の国のヌナカハヒメと結婚した。ヌナカハヒメとの結婚の場面では、オホクニヌシはヤチホコという名で登場する。おそらく、初めにヤチホコの神の神話があり、それを古事記がヤチホコ＝オホクニヌシとして、〈オホクニヌシ神話〉のうちに取り込んだのであろう。

さて、ヌナカハヒメのヌナカハとは、『和名抄《わみようしよう》』に越後国の郷《さと》の名として見えている。ヤガミヒメと同様に、土地を代表する女と認めてよい。土地のヒメがその地の神を祭る能力を持ち、それとの結婚は、王としてその土地を宗教的意味において支配するための前提であった。ヤチホコの歌の中に「遠々《とほとほ》し越《こし》の国」という一節があるように、「越」は最果てというイメージの地であった。現に、ヌナカハの郷がある越後の国は北陸道の最も端にあたる。つまり、越のヌナカハヒメとの婚姻は、オホナムチの宗教的支配権がほぼ全国に及んだことを表していることになるのだ。これがスサノヲの指令2の達成を意味するのだと思う。

⑧ 指令3の実行――スセリビメの嫉妬

スサノヲの指令3によってスセリビメはオホクニヌシの正妻となった。ここからスセリビメの嫉妬が始まる。どうしてスセリビメは嫉妬したのだろうか。

古事記の中にもう一人、嫉妬で有名な女性が登場する。それが仁徳天皇の大后《おほきさき》（皇后）イハノヒメである。イハノヒメは葛城《かづらき》の曽都毘古《そつびこ》の娘であって、氏族出身として初めて大后となった女性である。この両者を見ると、嫉妬というのが、正妻という特別な立場を前提とした文脈展開であることが分かる。だとすれば、スセリビメの嫉妬を招いたのは、他ならぬスサノヲの指令3だったことになる。スセリビメ嫉妬条の前半を載せておこう。

其の神の嫡后《おほきさき》、須勢理毘売命《すせりびめのみこと》、甚《いた》く嫉妬《うはなりねたみし》為たまひき。故《かれ》、其の日子遅《ひこぢ》の神わびて（夫の神は困って）、出雲より倭国《やまとのくに》に上《のぼ》り坐《ま》さむとして、束装《よそひ》し立たす時に、片御手《かたみて》は御馬《みま》の鞍《くら》に繋《か》け、片御足《かたみあし》はその御鐙《みあぶみ》に踏み入れて、歌ひたまひしく、

ぬばたまの　黒き御衣《みけし》を　まつぶさに　取り装《よそ》ひ　沖《おき》つ鳥《とり》　胸見《むなみ》る時　はたたぎも　これは適《ふさ》はず　辺《へ》つ波《なみ》　そに脱《ぬ》き棄《う》て　鴗鳥《そにどり》の　青き御衣《みけし》を　まつぶさに　取《と》り装《よそ》ひ　沖《おき》つ鳥《とり》　胸見《むなみ》る時　はたたぎも　此《こ》も適《ふさ》はず　辺《へ》つ波《なみ》　そに脱《ぬ》き棄《う》て　山方《やまがた》に　覓《ま》ぎし　あたねつき　染木《そめき》が汁《しる》に　染衣《しめころも》を　まつぶさに　取《と》り装《よそ》ひ　沖《おき》つ鳥《とり》　胸見《むなみ》る時　はたたぎも　此《こ》し宜《よろ》し　いとこやの　妹《いも》の命《みこと》　群鳥《むらとり》の　我《わ》が群《む》れ往《い》なば　引鳥《ひけとり》の　我《わ》が引《ひ》け往《い》なば　泣《な》かじとは　汝《な》は言ふとも　山処《やまと》の　一本薄《ひともとすすき》　項傾《うなかぶ》し　汝《な》が泣かさまく　朝雨《あさあめ》の　霧《きり》に立たむぞ　若草《わかくさ》の　妻《つま》の命《みこと》……（以下略）

歌の現代語訳

（ヒオウギの実のような）黒いお召し物を　入念に　とり装い　水鳥が毛づくろいをするように胸元を見て　水鳥が羽ばたくように袖を上げ下げしてみたが　この服はどうも似合わない　だから波打ち際のそこに脱ぎ捨て　（カワセミのような）青いお召し物を　入念に　とり装い　水鳥が毛づくろいをするように胸元を見て　水鳥が羽ばたくように袖を上げ下げしてみたが　この服もどうも似合わない　だから波打ち際のそこに脱ぎ捨て　山の方で探し求めた　茜《あかね》を碓《うす》で舂《つ》き　作った染料で　染めた衣を　入念に　とり装い　水鳥が毛づくろいをするように胸元を見て　水鳥が羽ばたくように袖を上げ下げしてみたら　これはよく似合っている　愛しい　我が妻よ　群れの鳥のように　私が皆を連れて行ったとしたら　引かれ鳥のように　皆に引かれて　行ったとしたら「泣かないわ」と　あなたは言うが　山の麓の　一本の薄《すすき》のように　うなだれて　あなたは泣くでしょう　その様子は　（朝雨の）霧のように涙がわいて出るでしょう　若草のような　我が妻の命《みこと》よ　……

片手を鞍《くら》にかけ、片足を鐙《あぶみ》に入れて、まさに旅立ちの時に、オオクニヌシがスセリビメに歌いかけたという。三度の着替えをし、入念に身支度を整えて、いざ出発という段になって、取り残される妻の涙を想像した内容である。この後、スセリビメは、杯を捧げ、官能的な歌をうたって、夫を引きとめ、夫はついに正妻のもとに鎮《しず》まることを決意する。

さて、この旅立ちは妻の「嫉妬」を恐れての逃避行であると解されてきた。これが一般的な解釈なのだが、賛同することができない。逃避行なのになぜ目的地が示されているのだろうか。しかもそこは、古事記が一貫して「上《のぼ》」るべき所とする「倭」である。また三度も服を着替えるような歌の内容は、逃避行にはあまりにも不適当ではないか。これはやはり、目的地に向かっての旅立ちであると考えるべきであろう。スセリビメの歌に、

八千矛《やちほこ》の　神《かみ》の命《みこと》や　吾《あ》が大国主　汝《な》こそは　男《を》に坐《いま》せば　打ち廻《み》る　島の埼埼《さきざき》　かき廻《み》る　磯の埼《さき》落ちず　若草の　妻持たせらめ　……

歌の現代語訳

ヤチホコノ　神の命《みこと》よ　私の大国主よ　あなたこそ　男でいらっしゃるから　うち巡る島の岬という岬まで　かき巡る　磯の崎さえ一つも漏らさずに　国中に　若草のような妻を持っていらっしゃるでしょう　……

とあるように、ヤチホコの旅は妻問いの旅である。それがオホクニヌシともなれば、全国津々浦々に妻を持っているのが当然なのだ。支配権の拡大、維持のために必要不可欠なことなのだから。このことは正しくスサノヲの指令2に対応しているのだ。ところが、今回の妻問いは実行されなかった。それはなぜだろう。オホクニヌシとしては失格ではないだろうか。

今回の目的地である「倭」は、いうまでもなく初代の神武天皇をはじめ、歴代の天皇が都を営む特別な土地である。中巻の冒頭で初代神武天皇（カムヤマトイハレビコ）が日向から東遷を開始する場面を確認しておこう。

> 神倭《かむやまと》いはれびこ命《のみこと》（神武）、其のいろ兄五瀬《えいつせ》の命《みこと》と二柱《ふたはしら》、高千穂宮《たかちほのみや》に坐《ま》して議《はか》りて云《の》りたまひしく、「何《いづれ》の地《ところ》に坐《ま》さば、平《たひら》けく天《あめ》の下《した》の政《まつりごと》を聞《き》こし看《め》さむ。猶東《なほひむかし》に行かむ」とのりたまひて、即《すなは》ち日向《ひむか》より発《た》たして筑紫《つくし》に幸行《い》でましき。（中略）亦《また》、其の国より上《のぼ》り幸《い》でまして、阿岐国《あきのくに》のたけり宮《のみや》に七年《ななとせ》坐《ま》しき。亦、其の国より遷《うつ》り上《のぼ》り幸《い》でまして、吉備《きび》の高嶋宮《たかしまのみや》に八年《やとせ》坐《ま》しき。故、其の国より上《のぼ》り幸《い》でまし時……

アマテラスの子孫である神武天皇でさえ、「天《あめ》の下《した》」を平安に治めるためには、適当な土地に「坐《ま》す」ことが必要であった。「天の下」の頂点は、いうまでもなく「天」であるから、神武の旅は「天」を目指して、常に「上《のぼ》」りの旅であった。そして、この「何《いづれ》の地《ところ》に坐《ま》さば」という条件が整い、初めて「天の下」を治める瞬間が次である。

畝火《うねび》の白檮原宮《かしはらのみや》に坐《ま》しまして、天の下治《したし》らしめしき。

白檮原宮《かしはらのみや》は、言うまでもなく倭《やまと》の橿原《かしはら》（奈良県橿原市）である。倭とは、まさしく地上に復元された「天」の聖地で、そこに坐《ま》すことで神武は「天の下」の統治を成し遂げたのだ。だから古事記は常に倭に「上る」と表現する。

話をオホクニヌシに戻そう。スセリビメの嫉妬によって、オホクニヌシは倭には「上る」ことができなかった。スサノヲの子孫であるオホクニヌシに倭だけは支配させないことが、この段の趣旨であったと思うのである。こうして、確かにオホクニヌシだが、完全ではないオホクニヌシが誕生したということである。

結局のところ、スサノヲの指令3が、オホクニヌシの倭支配の妨げとなったのだ。

⑨ オホクニヌシの国作り

以上のように、制限つきながらも国土の支配神となったオホクニヌシは、地上世界にその一族を繁栄させる（オホクニヌシの系譜条）。そして国作りを行う。初めはスクナビコナと、そして最後は倭の御諸山《みもろやま》の神と協力して国を作り上げてゆく。

まず海の彼方からやって来た小人神スクナビコナは、カミムスヒの子である。カミムスヒは、高天原に最初に生まれた絶対神のひとりであり、国作りはカミムスヒの指令を受けて行われる。つまりオホクニヌシの国作りは、オホクニヌシの判断によってではなく、あくまで高天原の管理のもとで行われる。このことは次章で詳しく述べることとする。

さて、スクナビコナが国作り半ばにして常世の国に去った後、オホクニヌシは嘆き、次のような発言をする。

「私ひとりで、どうやってこの国の作ることができるだろう。私はどんな神とともにこの国作りをすることができるのだろうか」

オホクニヌシであるにもかかわらず、「私ひとりで」と悩む理由はいったい何なのだろうか。答えは続く一節の中にある。

この時、海を照らしながら寄り来る神がいた。その神が仰った。「私のことを祭ることが出来たならば、私はあなたと一緒にこの国を作り上げることができるでしょう。そうしないと国は完成しないでしょう」と。オホクニヌシが「では、どのようにあなたを祭って差し上げたらよいのか」とお尋ねになると、「私を、倭の青垣山《あをがきやま》の東の頂上に敬い祭りなさい」とお答えになった。これが、御諸山《みもろやま》の頂上に鎮座する神である。

オホクニヌシに欠けているのは、倭の支配権である。そこで倭の御諸山（三輪山のこと）に祀られる神の協力が必要なのであった。この神の名を古事記は明記していないが、後の神武天皇条や崇神天皇条の中でこれがオホモノヌシであったと分かる。

前に引用した日本書紀の一書（第八段一書第六）は、オホモノヌシもオホクニヌシの別名、つまりオホクニヌシと同神であったとする。こうした伝えがある中で、なぜ古事記は別神扱いしているのだろうか。古事記は、オホクニヌシが確かに「大国主」であることを詳細に説いているのであるから、あくまでこれを別神としていることには必ず意味があるはずだ。それはやはり、倭にだけはかかわることが出来ないオホクニヌシを描くためではないだろうか。それは、確かに「大いなる国主」だが、天皇とは違う、天皇のような「天の下」の統治者にはなれない所以を説いているのだと思う。

⑩ 指令4の実行——指令の完遂／国譲り

オオクニヌシは自らが支配し、作り上げた国土を皇祖に譲渡することになる。国譲りに応じる場面で、オオクニヌシは高天原からの使者に対して次のように発言する。

「……此の葦原中国《あしはらのなかつくに》は、命《みこと》の随《まにま》にすでに献《たてまつ》らむ（命令の通り全て献上しましょう）。唯《ただ》僕《あ》が住所《すみか》をば、天《あま》つ神《かみ》の御子《みこ》の天津《あまつ》日継《ひつぎし》知ろしめさむとだる天《あめ》の御巣《みす》如《な》して、底津《そこつ》石根《いはね》に宮《みや》柱《ばしら》ふとしり、高天原《たかまのはら》に氷木《ひぎ》たかしりて治《をさ》め賜《たま》はば、僕《あ》は百足《ももた》らず八十《やそ》坰手《くまで》に隠《かく》りて侍《はべ》らむ（私は隅っこに隠れてお仕えしましょう）。……」

「天《あま》つ神《かみ》の御子《みこ》」とは天皇直系の皇祖および即位前の神武天皇を指す言葉である。「天津《あまつ》日継《ひつぎ》」とは、日の神であるアマテラスの偉業の継承権のような意味で、ほぼ皇位に当たる語である。また「とだる天《あめ》の御巣《みす》」は満ち足りた天の御殿の意味であり、その「天」とは高天原、またはその復元とも言える「倭」のことであろう。

つまりオオクニヌシが求めた宮殿は、天皇や皇祖のそれに匹敵する宮殿であり、それが以下の「底津石根に……高天原に……」という例の定形表現（古代の祝詞で皇祖・天皇の宮殿を讃美する言葉）とも一致するのである。まさしくこれはスサノヲの指令4の実現である。

オホクニヌシは高天原を追われたスサノヲの子孫であり、スサノヲの力を継承し、その指令に従うことで「大国主」となったのだ。だから、自らの力で高天原に氷木《ひぎ》（千木《ちぎ》）が聳《そび》える宮殿（第I部扉参照）など造れるゆえんはないのだ。それゆえにオホクニヌシは、国譲りの命令を受け入れる交換条件として、高天原に頼る形でしか実現することができなかった。こうして、スサノヲの指令1〜4の全てを遂行した瞬間に、国土の全権を皇祖に譲り渡すことになった。

以上、古事記の〈オホクニヌシ神話〉を概観してきた。前に述べたとおり、オホクニヌシという神格も、スサノヲとの系譜関係も、大和王権の〈神話〉が作ったものである。古事記は、スサノヲを利用しながら、制限つきのオホクニヌシを描いたといえる。

†記紀の〈神話〉はなぜオホクニヌシを作ったのか

〈建国神話〉がオホクニヌシを作り出した目的は、ひとつには皇祖に国土全体の支配圏を譲り渡す神を用意することにあったと思われる。つまり確かな国主を一人置くことによって、確かに国の全部が皇祖に献上されたと言うためである。オホクニヌシが何の謂われもない神であったならば、オホクニヌシから譲られた権利さえ、根拠がなくなってしまうだろう。

それにしても、少々複雑ではないか。初めから国の全てを皇祖神が創造し、支配していたと言えばよいのではないだろうか。極端なことを言えば、アマテラスこそ唯一神であり、その子孫が天皇だと言ってしまえば済みそうなものである。

だが、実はそうはいかない事情があったのだ。このことは、古事記や日本書紀という史書が、「何ゆえに神話を装っているか」という問題にかかわってくる。大和王権の〈歴史〉を書くならば、たとえば初代神武が偉大な天皇として初めて国を統治したと書き始めてもよさそうなものである。古事記・日本書紀が〈神話〉を要したのは、本来の神話が、人の生死や、宇宙の成り立ちなどを決定し、社会を規制する力を持っていたからに相違ない。そうした神話の規制力、本書でいう「神話力」が必要だったのだ。

「神話力」を使うにはどうしたらよいだろう。誰も聞いたことがない新しい〈神話〉を作ったり、皇祖神だけが活躍して一から十まで国を作り上げたというような〈神話〉を創作しても、それは決して説得力を持たないだろう。そこで、民衆の間で伝承されていた神話の型を用いたり、地方の神々の信仰や神話を利用したのではないだろうか。

オホナムチは、本来的に出雲を本拠とする国作りの神であったと思われる。ただその国作りは、特定の範囲における、農地開拓レベルのいわば素朴な国作りであったと思われる。国作りの神オホナムチは、出雲国風土記のほか、播磨国《はりまのくに》や伊予国《いよのくに》の風土記にも伝えられていて、かなりの広範囲に信仰圏を持っていたらしい。そのような地方の有力神の信仰を無視したり、その神話を頭から否定したりせず、確かにオホナムチは国作りの神であったと認めることによって「神話力」を維持することが必要だったのだ。そしてその上に、古事記の主張を乗せてゆくのである。「限定的ながらも国土の全体を支配するオホクニヌシであったが、最後には国を皇祖神に献上したのだ」とか、「オホクニヌシの国づくりは実は高天原からの指令にもとづく国作りだった」というように。

そして、そのための〈神話〉文脈の中で、同じ出雲の有力神であるスサノヲをも利用し、「オホクニヌシの直系の祖先であり、しかもアマテラスの実弟であるスサノヲの指揮のもと、オホナムチはオホクニヌシとなり、国を作り、そして国を譲ったのだ」という具合に。

新しい〈神話〉は決して自由に作ることができない。作ってもそれは神話としての説得力を持つことはないのだから。だから既存の神話に拘束され、その代償として「神話力」を維持し、そこに自らの主張をそおっと乗せて作られてゆくのである。大和王権は、地方の神や神話を取り込み、利用しながら、王権国家の由来を説く〈建国神話〉を作り上げ、偽の共同体としての国家の上に君臨させたのである。

第3章　隠された司令神

1　「別天つ神」――アマテラスより偉い神がいた

†隠れた神の「不思議」

古事記がスサノヲやオホクニヌシを利用しながら、国の成り立ちを説いてゆく中で、利用された別の神々がいた。それが、古事記の冒頭に登場する「別天《ことあま》つ神《かみ》」である。

「別天つ神」は五柱いたが、その中でもタカミムスヒとカミムスヒは、以後の文脈にもたびたび現れて、国作りや天孫降臨を指令したり、初代神武天皇を支援するなどの活躍を見せる。文字通り「別格の天つ神」なのだが、なぜこんなにも偉い神がいるのだろう。皇祖アマテラスとの関係はどうなのだろう。また、この神々は最後にどうなるのだろう。

ここでは、「ムスヒ」の二神がたどった生涯を、最初から最後まで見届けたいと思っている。そこには、古事記編者による〈神話〉作りの構想がある。

古事記〈神話〉の冒頭は次のとおり。

イ　天地《あめつち》初めて発《ひら》けし時、高天原《たかまのはら》に成れる神の名は、天之御中主神《あめのみなかぬしのかみ》。次に高御産巣日神《たかみむすひのかみ》、次に神産巣日神《かみむすひのかみ》。此《こ》の三柱《みはしら》の神《かみ》は並独神《みなひとりがみ》と成《な》り坐《ま》して、身《み》を隠《かく》したまひき。

（中略。ウマシアシカビヒコヂ・アメノトコタチの二神が誕生）

上《かみ》の件《くだり》の五柱《いつはしら》の神は、別天《ことあま》つ神《かみ》。

さて、「独神《ひとりがみ》」となって「身を隠した」という一文をどう解釈すればよいのだろうか。「独神」は、この後に登場するイザナキ・イザナミなどの男女待遇神に対して、単独で誕生した神を言うものと見てよい。難しいのは「身を隠す」（原文「隠身」）の解釈である。以前から様々に論じられてきた大問題の一つであり、いまだに定説を見ないと言ってよい。

「身を隠す」と言えば、人の場合には「死」の婉曲表現になるが、神の場合でも、それまでとは違う見えない世界に行くことに変わりはないだろう。それがなぜ難問なのかと言えば、タカミムスヒとカミムスヒがこの後の文脈にしばしば登場するからである。しかも、古事記〈神話〉の描く建国の〈歴史〉の上で、あまりにも重大な役割を担っているのだ。そうした活躍ぶりと、「身を隠した」という記述をどう矛盾なく読むかというのが問題なのだ。

†全ては「別天つ神」の意のままに——国作りの発端

「身を隠した」という「別天《ことあま》つ神《かみ》」の、その後の活動ぶりを追ってみよう。

ロ　是《ここ》に、天《あま》つ神《かみ》諸《もろもろ》の命《みこと》以ちて、伊邪那岐命《いざなきのみこと》・伊邪那美命《いざなみのみこと》、二柱《ふたはしら》の神に、「是《こ》のただよへる国を修理《つく》り固成《かた》めよ」と詔《の》りて、天《あめ》の沼矛《ぬぼこ》を賜ひて、言依《ことよ》さし賜ひき（委任なさった）。故《かれ》、二柱の神、天《あめ》の浮橋《うきはし》に立たして、其の沼矛を指《さ》し下《お》ろして画《か》きたまへば、塩こをろこをろに画《か》き鳴《な》して引き上げたまふ時、其の矛の末《さき》より垂《した》り落つる塩、累《かさ》なり積《つ》もりて島と成りき。是《こ》れ淤能碁呂島《おのごろしま》なり。（国生み条）

ハ（女子先唱によってヒルコが生まれ）是《ここ》に二柱の神、議《はか》りて云ひけらく、「今吾《いまあ》が生める子良《よ》からず。猶天《なほあま》つ神《かみ》の御所《みもと》に白《まを》すべし」といひて、即《すなは》ち共《とも》に参上《まゐのぼ》りて、天つ神の命《みこと》を請《こ》ひき。爾に天つ神の命以ちて、ふとまににト相へて、詔りたまひしく、「女先に言へるに因りて良からず。亦還《またかへ》り降りて改め言《とな》へよ」とのりたまひき。(国生み条)

ロとハは、イザナキ・イザナミに、漂っている国を「修理《つく》り固成《かた》めよ」(原文「修理固成」)と命じ、国生みを指令する「天つ神」の記事。「天つ神諸」の範囲については諸説あるが、直前のイにある「別天つ神五柱」と解して問題ない。

さて、ロにある天つ神の詔《みことのり》を見ると、「修理」という原文の表現に違和感を持つかもしれない。たとえば我々が「テレビを修理する」と言うのは、「故障箇所を修復して元通りにする」意味である。古事記の説く国家の〈歴史〉は始まったばかりであり、国土はただ漂うだけの原始の状態だから、それを「修理」するというのは、現代の感覚ではおかしいように思う。

しかしながら、「修理」の原義が、「完全な姿・機能に整える」という意味であるとすれば、古代から一貫した意味を持つ語として理解することができる。ただ、この場合、まだ誰も国の完成体を見たことがない点に注意が必要だ。この時点において、その完成体は「別天つ神」の理念・デザインとしてだけあって、「別天つ神」は自らが理想とする国の完成を指令したのである(神野志隆光『古事記の世界観』吉川弘文館)。

これが古事記の国作りの発端で、以後、様々な神々によって国作りがなされてゆくことになる。もちろん、国作りに関与する神々は、国の完成体など知るよしもなく、自分が国作りに関わるべきかも分からない。だから、国作りの要所要所に「別天つ神」が登場して、「〇〇の神は――せよ」また「△△の命《みこと》は××せよ」と具体的な指令を出し続ける必要があるのだ。その役目を担うのが「別天つ神」であるタカミムスヒとカミムスヒである。こうして古事記の国作りは、「別天つ神」の理想の実現に向け、「別天つ神」の意のままになされてゆく。

「別天つ神」の詔を受けたイザナキ・イザナミはまず「漂へる国」を「生み直す」ことから「修理」を開始した（中川ゆかり『上代散文』塙書房）。続いて二神は、大八嶋国《おほやしまぐに》（列島の島々）を生み、次いで自然・文化・農耕に関わる神々を生みながら国の完成を目指したが、イザナミの死によって中断される。そして国作りは、以後、オホクニヌシの出現と、統治者としての天皇の誕生を待って完遂されることになるのである。

†カミムスヒの役割

国作りの神として、すぐに思い当たるのがオホクニヌシであろう。オホクニヌシはスサノヲ直系の子孫である。スサノヲは高天原で浄化された後に地上に降り、自ら「アマテラスの同母弟」と名乗って活躍するが、オホクニヌシはそのスサノヲの力によって国土の支配神にまで成長を遂げたのである。

実は、このスサノヲやオホクニヌシの国作りには司令神がいた。それが「身を隠した」はずのカミムスヒなのだ。カミムスヒの事跡を追ってみよう。

A　カミムスヒはスサノヲに命じて、オホゲツヒメの死体に生じた五穀を取らせ、それを穀物の種子とした。（穀物起源条）

B　カミムスヒは赤貝と蛤《はまぐり》の女神を派遣し、死んだオホナムチを復活させた。（八十神《やそがみ》迫害条）

C　カミムスヒは、スクナビコナを自分の子供と認め、オホクニヌシとスクナビコナに国作りを命じた。（国作り条）

Bにおけるオホナムチの死と再生は、この神がオホクニヌシへと成長を遂げる過程である。カミムスヒは、A穀物種子の獲得から、Bオホクニヌシの育成、そしてCオホクニヌシとスクナビコナの国作りまで、スサノヲ・オホクニヌシによる国作りの随所に登場する。

あくまでも国作りは高天原の「別天《ことあま》つ神《かみ》」の指揮監督のもとに行われているのであって、決してスサノヲ・オホクニヌシの独断によるものではなかった。古事記冒頭の口における「別天つ神」の「修理」の詔に応じて為されているのである。

†タカミムスヒの役割

いっぽうのタカミムスヒも「身を隠した」とはまったく思えない存在感を見せている。タカミムスヒの活動の履歴を全てたどってみよう。タカミムスヒは常にアマテラスとともに現れるのが特徴で、この点でカミムスヒ・スサノヲの組合せに対応しているとも言える。

① 高御産巣日神《たかみむすひのかみ》の子、思金神《おもひかねのかみ》に思はしめて……（天石屋戸条）

アマテラスが隠れた石屋戸の前で、八百万《やほよろづ》の神が協議している場面である。協議の中心にいるのがタカミムスヒの子オモヒカネである。オモヒカネとは思慮を兼ね備えるという意味で、アマテラスの復活にはその思慮が欠かせなかった。

つぎの②〜⑥は、タカミムスヒとアマテラスが、葦原中国《あしはらのなかつくに》（地上の国土）の平定を指揮し、三度にわたって使者を派遣する場面であり、結果オホクニヌシの国譲りに至る。

② 高御産巣日神《たかみむすひのかみ》、天照大御神の命《みこと》以ちて、天安河《あめのやすのかは》の河原《かはら》に、八百万《やほよろづ》の神を神集《かむつど》へに集《つど》へて、思金神《おもひかねのかみ》に思はしめて詔《の》りたまひしく、「此の葦原中国は、我が御子の知らす国と言依《ことよ》さし

賜へりし国なり（我らが委任なさった国であるぞ）。……何《いづ》れの神を使はしてか言趣《ことむ》けむ」

まずここでの「我が御子」はアマテラスとスサノヲのウケヒの場面において誕生し、アマテラスの子と認定されたオシホミミに当たる。それを、タカミムスヒ・アマテラス二神が「我が御子」というのは文脈的におかしい。タカミムスヒを意図的に関わらせようという編者の意図を感じるし、後の⑧への布石であるとも言える。

二神は八百万神の進言を受けて、アメノホヒを最初の使者として派遣するが、アメノホヒがオホクニヌシに「媚《こ》び付《つ》」いてしまったことで失敗に終わる。

③高御産巣日神、天照大御神、亦諸《もろもろ》の神等《かみたち》に問ひたまひしく、「葦原中国に遣《つか》はせる天菩比神《あめのほひのかみ》、久しく復奏《かへりごとまを》さず。亦何《またいづ》れの神を使《つか》はさば吉《よ》けむ」

④天照大御神、高御産巣日神、亦諸《またもろもろ》の神等《かみたち》に問ひたまひしく、「天若日子《あめのわかひこ》久しく復奏《かへりごとまを》さず。又曷《いづ》れの神を遣《つか》はしてか、天若日子が淹留《ひさしくとど》まる所由《ゆゑ》を問はむ」

二度目の使者としてアメノワカヒコを派遣するが、これも八年にわたって命令を遂行せず、事情確認のためにナキメという雉《きじ》を使いに出す。ナキメというのは葬送の列にあって泣き役を務める女のことで、アメノワカヒコの死が暗示されているとも言う（西郷信綱『古事記注釈』ちくま学芸文庫）。

⑤天若日子《あめのわかひこ》、天《あま》つ神《かみ》の賜《たま》へりし天之波士弓《あめのはじゆみ》、天之加久矢《あめのかくや》を持ちて、其の雉《きぎし》を射殺《いころ》しき。爾《ここ》に其の矢、雉の胸より通りて、逆《さかさま》に射上《いあ》げらえて、天安河《あめのやすのかは》の河原に坐《ま》す天照大御神、高木《たかぎの》神《かみ》の御所《みもと》に逮《いた》りき。是の高木神は、高御産巣日《たかみむすひの》神の別《また》の名《な》ぞ。故《かれ》、高木神、其の矢を取りて見《み》したまへば、血、其の矢の羽《は》に著《つ》けり。是《ここ》に高木神「此の矢は、天若日子に賜《たま》へりし矢ぞ」と告《の》りたまひて、即《すなは》ち諸《もろもろ》の神等《かみたち》に示《み》せて詔《の》りたまひく、「或《も》し天若日子、命《みこと》を誤《あやま》たず、悪《あ》しき神を射《い》つる矢の至《きた》りしならば、天若日子に中《あた》らざれ。或《も》し邪《きたな》き心有《あ》らば、天若日子此の矢にまがれ（この矢に当たって不幸になれ）」と云ひて、其の矢を取りて、其の矢の穴より衝《つ》き返《かへ》し下《くだ》したまへば、天若日子が胡床《あぐら》に寝《いね》し高胸坂《たかむなさか》に中《あた》りて死にき。

天に向かって射た矢が突き返されて、射た者の胸を貫くという「ニムロッドの矢」型の神話で、アメノワカヒコに神罰が下る。

ここでは、タカミムスヒの亦の名として「タカギの神」という名が紹介され、以後、同神はタカギの名で活動する。もとは別神だろうが、今そのことは措くとして、同神として古事記の文脈を追うことにする。

⑥　是《こ》を以《も》ちて此《こ》の二《ふた》はしらの神（建御雷神《たけみかづちのかみ》と天鳥船神《あめのとりふねのかみ》）、出雲国《いづものくに》の伊那佐《いなさ》の小浜《をばま》に降《お》り到《いた》りて、十掬剣《とつかつるぎ》を抜きて、逆《さかさま》に浪の穂に刺し立て（普通とは逆向きに波頭に刺し立てて）、其の剣の前《さき》に趺《あぐ》み坐《ゐ》て（あぐらをかいて）、其の大国主神に問ひて言《の》りたまひしく、「天照大御神、高木神《たかぎのかみ》の命《みこと》以ちて問ひに使はせり。汝《いまし》がうしはける（あなたが領有している）葦原中国《あしはらのなかつくに》は、我が御子《みこ》の知《し》らす国ぞと言依《ことよ》さし賜ひき（私の御子孫が統治なさる国と委任なさったのだぞ）。故《かれ》、汝《いまし》が心は奈何《いか》に（あなたの考えはどうだ）」とのりたまひき。

三度目の使者としてタケミカヅチとアメノトリフネが派遣され、ついにオホクニヌシと国譲りの交渉が始まる。

使者がアマテラス・タカミムスヒ（タカギ）の言葉をオホクニヌシに伝えるが、それによるとオホクニヌシは国を「ウシハク」が、それに対して「我が御子」は国を「シラス」のだという。「ウシハク」は「主佩《うしは》く」意でせいぜい領有している程度、「シラス」は「知る」と同根の尊敬語であり、知識を持って高度に統治なさる意味であり、ここに天つ神側の価値観が現れている。天つ神側からすれば、オホクニヌシは確かに交渉すべき国主なのだが、その支配レベルには限界があり、そこに真の統治者として「我が御子」が降臨すべきという理屈なのである。

†タカミムスヒとアマテラス――天孫降臨から神武即位まで

続いて、⑦⑧⑨は天孫降臨の場面である。タカミムスヒ（タカギ）とアマテラスが天孫降臨の司令神となる。

⑦天照大御神、高木神《たかぎのかみ》の命《みこと》以《も》ちて、太子《ひつぎのみこ》正勝《まさかつ》吾勝《あかつ》勝速日《かちはやひ》天忍穂耳命《あめのおしほみみのみこと》に詔《の》りたまひしく、「今、葦原中国《あしはらのなかつくに》を平《ことむ》け訖《を》へぬと白《まを》せり（平定が完了したと報告があった）。故《かれ》、言依《ことよ》さし賜《たま》ひし随《まにま》に、降《くだ》り坐《ま》して知《し》らしめせ（委任なさった通りに降臨して統治なさい）」

⑧太子《ひつぎのみこ》正勝《まさかつ》吾勝《あかつ》勝速日《かちはやひ》天忍穂耳命《あめのおしほみみのみこと》、答へ白《まを》したまひしく、「僕《あ》は降《お》らむ装束《よそひ》しつる間《あひだ》に、子生《あ》れ出でつ。名は、天邇岐志《あめにきし》国邇岐志《くににきし》天津《あまつ》日《ひ》高《こ》日《ひ》子《こ》番《ほ》能《の》邇《に》邇《に》芸命《ぎのみこと》ぞ。此《こ》の子を降《くだ》すべし」とまをしたまひき。

此《こ》の御子《みこ》は、高木神《たかぎのかみ》の女《むすめ》、万幡豊秋津師《よろづはたとよあきづし》比売命《ひめのみこと》に御合《みあひ》して（結婚して）、生みませる子、天火明命《あめのほあかりのみこと》、次に日子《ひこ》番《ほの》邇《に》邇《に》芸命《ぎのみこと》（二柱）なり。是《ここ》を以《も》ちて白《まを》したまひし随《まにま》に、日子《ひこ》番邇《ほのに》邇《に》芸命《ぎのみこと》に詔科《みことおほ》せて、「此の豊葦原水穂国《とよあしはらのみづほの》は、汝《いまし》知らさむ国ぞと言依《ことよ》さし賜《たま》ふ。故《かれ》、命《みこと》の随《まにま》に天降《あまくだ》るべし」とのりたまひき。

⑨　故爾《かれここ》に天照大御神、高木神《たかぎのかみ》の命《みこと》以ちて、天宇受売神《あめのうずめのかみ》に詔りたまひしく……

初めオシホミミに降臨を命じたが、オシホミミの進言によりその子ホノニニギが降ることになる。⑧では、ホノニニギが、アマテラスとタカミムスヒ（タカギ）の両者の血統を継ぐ神であることが説かれている。ここに至って、「我が御子」が確かに二神の子孫であることになる。

アマテラス――――オシホミミ
　　　　　　　　　　　├――ホノニニギ（天孫降臨）
タカミムスヒ（タカギ）――ヨロヅハタトヨアキヅシヒメ

タカミムスヒの活躍は上巻のみならず、中巻冒頭の神武記にまで及ぶ。⑩では、高倉下《たかくらじ》という人物の夢に、タカミムスヒ（タカギ）とアマテラスが現れ、神武を援護すべく、再び葦原中国の平定を指揮している。⑪はタカミムスヒ（タカギ）が、神武を倭に導くべく、ヤタガラスを派遣する場面である。

⑩　高倉下《たかくらじ》答へ曰《まを》ししく、「己《おの》が夢《いめ》に、天照大神、高木神《たかぎのかみ》、二柱の神の命《みこと》以ちて、建御雷神《たけみかづちのかみ》

を召《よ》びて詔《の》りたまひしく、「葦原中国《あしはらのなかつくに》は、いたくさやぎてありなり（たいそう騒々しいようだ）。我が御子《みこ》等《たち》不平《やくさ》み坐《ま》すらし（我らの子孫たちが苦しんでおられるようだ）。」……」

⑪是《ここ》に亦《また》、高木大神《たかぎのおほかみ》の命《みこと》以ちて覚《さと》し白《まを》さく、「天《あま》つ神《かみ》の御子《みこ》（神武よ）、此れより奥《おく》つ方《かた》に莫《な》入《い》り幸《ま》しそ（これより奥にお入りになってはいけない）。……（中略）……今、天《あめ》より八《や》咫《たが》烏《らす》を遣《つか》はさむ。故《かれ》、其の八咫烏引道《みちび》きてむ。其の立たむ後《あと》より幸行《い》でますべし」とまをしたまひき。

以上がタカミムスヒの半生の活動記録である。これほど活躍をしているのだ。とても「身を隠した」とは思えないが、どうであろうか。

このようにタカミムスヒは、アマテラス直系の子孫が国土を統治するに至るほとんど全ての場面に関わっているのだ。統治者の決定は、けっしてアマテラスの独断ではなく、タカミムスヒの判断によるのである。しかもその子孫には、タカミムスヒ自身の血統も流れ込んでいた。タカミムスヒは、天地創成の初めに誕生した「別天《ことあま》つ神《かみ》」である。この「別天つ神」の理想の実現に向けて、国土は「修理」されてゆくのであった。

「別天つ神」たるタカミムスヒに、アマテラス以前の、あるいはアマテラスとは別系統の至上神の姿を見る説（吉井巌「古事記の神話」『日本神話必携』学燈社、溝口睦子『王権神話の二元構造』吉川弘文館）がある。タカミムスヒは、古事記のみならず日本書紀の複数の伝承においても、天孫降臨を指令したり、ホノニニギの外祖父になるなど重要な役割が与えられている。古事記・日本書紀の編纂以前から高い権威を誇った神だったことが分かる。そうした神の伝承・信仰のもとで、古事記はそれを高天原の「別天つ神」として位置付けるなど、独自の処理を施していったのであろう。タカミムスヒが「身を隠した」というのも、この〈神話〉作りの構想に関係しているようなのだが、結論はもう少し後にまわそう。

ただ一つの国作り

古事記におけるタカミムスヒとカミムスヒの活動を見てきた。タカミムスヒがアマテラスや皇祖・天皇と関わる場合が多く、カミムスヒはスサノヲやオホクニヌシとの関わりが強い。タカミムスヒはもともと皇室系、カミムスヒは出雲神話圏の神であったためかと思われる。

さて古事記は、両ムスヒ神の、異なる場面でのそれぞれ特徴的な活動を記していた。そして、その二神が古事記の始発において、「高天原」の「別天つ神」という名のもとに括《くく》られている。まとめると次の通りである。（　）内に前掲した記事の番号・記号を示す。

○タカミムスヒ・カミムスヒが同じ「別天つ神」として国土の「修理」を指令する。（イ～

ハ）

○カミムスヒ・スサノヲが穀物種子を獲得する。（A）
○カミムスヒ・スサノヲがオホクニヌシを育成する。（B）
○カミムスヒの指揮のもと、スサノヲの子孫オホクニヌシとカミムスヒの子スクナビコナが国作りをする。（C）
○タカミムスヒの子のオモヒカネが、アマテラス復活の祭儀を主導する（①）
○タカミムスヒ（タカギ）・アマテラスが葦原中国の平定を指揮する。その結果、オホクニヌシが皇祖に国譲りを約束する。（②〜⑥）
○タカミムスヒ（タカギ）とアマテラスの子孫として天孫ホノニニギが誕生する。タカミムスヒ（タカギ）・アマテラスが天孫降臨を指令する。（⑦〜⑨）
○タカミムスヒ（タカギ）・アマテラスが神武を支援する。（⑩⑪）

このように両神の活躍ぶりはそれぞれ特徴的ではある。ただし、「別天つ神」という一つのカテゴリーで括《くく》られていることには、一個一個の神格を超えた別の意味があるはずだ。「別天つ神」として同じ出自を持って登場したムスヒ二神（イ）は、イザナキ・イザナミに理想の国土の実現（修理）を命じ（ロ）、その子神がアマテラスの必要性を確認し（①）、スサノヲやオホクニヌシの国作りに関与し（A・B・C）、さらに葦原中国の平定を指揮し（②〜⑥）、葦原中国の支配者として天孫を降臨させ（⑦〜⑨）、最後に神武の東征までを見届けている（⑩・⑪）。

ムスヒ二神は、国土の「修理」を指令した「別天つ神」であるから、二神の価値観は一つであり、国作りは一つの理想の実現に向けてなされてゆくのである。ここから、どのようなことが言えるだろうか。それは、オホクニヌシが国作りをすることも、反対にオホクニヌシが皇祖に国譲りをすることも、ただ一つの国作りの、それぞれ一つの段階だったということである。オホクニヌシの国作りと国譲りは、同時に認めることが求められるのである。

「別天つ神」というカテゴリーを設定することによって、出雲の神々による国作りを高天原主導の事業として公認し、同時に、その国譲りの必然性をも主張しているのである。高天原やアマテラス側の優位性を保ちつつ、スサノヲやオホクニヌシ等の存在を公認してゆく古事記の構想を、ムスヒ二神の分業と「別天つ神」という括り方に認めることができるように思うのだ。

述べてきたように「別天つ神」はアマテラスよりもずっと前に生まれ、国作りの全てを指揮した絶対神なのである。古事記にはアマテラスよりも偉い神がいたのだ。

†「身を隠す」とは何か——諸説の整理

さて、例の問題の一文を解釈してみよう。

此《こ》の三柱《みはしら》の神は、並独神《みなひとりがみ》と成《な》り坐《ま》して、身《み》を隠《かく》したまひき。

（原文）此三柱神者並独神成坐而隠身也

まず「独神《ひとりがみ》」である。肉体を持たない神、性別が分化していない神とする説があったが、独神の中にはウマシアシカビヒコヂという男性の尊称（ヒコヂ）を持つ神がいるし、カミムスヒは「御祖《みおや》の命《みこと》」（母なる命）と呼ばれ、肉体の描写もある。「男女一対をなしてゐない一柱の神」とする西宮一民の解釈（『古事記の研究』おうふう）が無理のないところである。

最大の問題は「身を隠す」である。原文「隠身」をカクリミと読む説と、ミヲカクスと読む説とがあったが、「隠」の用例が全て動詞であることから、現在では後者を採ることが多い。

さて、神々の「隠」の用例を見ると、少なくとも「隠」れている間は、それまで存在していた世界での活動を停止するのだが、この場合は、ムスヒ二神が高天原において活動を続けている。アマテラスのように一度イハヤに「隠」れて再び現れることもあるのだが、ムスヒ二神の場合、誕生と同時に何もせずに「隠」れ、その直後に何ごともなかったかのように平然と現れて国作りの詔《みことのり》を発したということなのだろうか。

ここで「隠身」についてのいくつかの説を検討してみよう。

○肉体はあるが隠れて見えない状態（本居宣長『古事記伝』三之巻）

○「人力の及ばざる」「世に在リとある善事禍事《よごとまがごと》」の一切を「目に見えず」に司る神（敷田年治『古事記標註』上巻之上）

○肉体の限界を越えることのできる「御霊《みたま》」のみの神（鈴木重胤《しげたね》『日本書紀伝』二之巻）

○現代風にいえば抽象神。性的な身を有していない神（西郷信綱『古事記注釈』第一巻）

○最高神アマテラスの秩序を確立するために、「幽界」において「抽象的機能」を負い、「冥助の役割」を担う神。アマテラス以上の神を存在させない目的で身を隠された。（金井清一「身を隠したまふ神」『古典と現代』五三）

○「神々の世界の存立と展開を支える」神。「「身」において役割をはたすのではな」く、「ひそめられ」「顕現」せずに働く。その中で「ムスヒ二神は、エネルギーの源としてくり返し確認されねばならなかった」（神野志隆光・山口佳紀『古事記注解2』）

重胤が身のない神霊を考え、また西郷が「抽象神」と言って、性的な身体を認めず、神野志が「「身」において役割をはたすのではない」と説くなど、それぞれ特別な「身」を考える時、カミムスヒが「御祖《みおや》」（母親）としての身を持って、性も肉体もある子供（スクナビコナ）を持つこと（国作り条）をどう説明できるだろうか。また、タカミムスヒはアマテラスと同じく、高天原の天安河《あめのやすのかは》の河原という場において、アメワカヒコの矢を受け取り、それを八百万《やほよろづ》の神に示しているし（葦原中国平定条）、カミムスヒも高天原という世界に神殿を構えている（国譲り条）など、「身を隠した」神が「幽界」と呼ばれるような別次元に生きているとは思えない。抽象神とするにせよ、肉体はあるが顕現しないとするにせよ、後の文脈におけるムスヒ二神の活動の全てを、合理的に説明することができないように思う。

倉野憲司は、古事記に自己矛盾があるとして、本来「隠身」でないはずのムスヒ二神が、古事記で最初に現れるアメノミナカヌシの性格に引かれた結果であると説く（『古事記全註釈』第二巻、三省堂）が、古事記におけるアメノミナカヌシの性格づけなど実に希薄であって、矛盾を犯してまでムスヒ二神が引かれるほどの存在であるとは思えない。

†「身を隠す」は「注」である

ここで、問題の一文を「本文内の注」あるいは「説明文」として読み、古事記神代史の時間の流れから外して解釈することを提案したい。

古事記上巻には、歴史的時間、〈神話〉の文脈ではなく、古事記を書き、読ませる「今」の時制における本文内の注がある。あるいは「今」に到るまでの神の履歴についての説明的な注もある。主格提示の「者」をもって、「……神者――（者）也」とある例を古事記上巻の地の文で見ると、そのほとんどは、その神についての説明的記事であって、古事記の〈歴史〉時間の外において読むべきものである。用例は多数に上るが、以下にいくつかの例をあげておこう。原文と訓読文とを合せて示しておく。

① 此二神者、所レ到二其穢繁国一之時、因二汚垢一而所レ成神之者也。（此《こ》の二神《ふたはしら》は、其の穢繁国《しけしきくに》に到りし時の汚垢《けがれ》に因《よ》りて成《な》れる神なり）

② 右件八十禍津日神以下、速須佐之男命以前、十四柱神者、因レ滌二御身一所レ生者也。（右の件《くだり》の八十《やそ》禍津日神《まがつひのかみ》以下《よりしも》、速須佐之男命《はやすさのをのみこと》以前《よりさき》の十四柱《とをまりよはしら》の神は、御身《みみ》を滌《すす》くに因《よ》りて生《な》れるかみなり）

これらは、神々が生まれた事情についての補足的な説明文であり、既に神々は誕生している。

③ 此三柱綿津見神者、阿曇連等之祖神以伊都久神也。（此《こ》の三柱《みはしら》の綿津見神《わたつみのかみ》は、阿曇連等《あづみのむらじら》の祖《おや》神《がみ》と以《も》ちいつく神なり）

④ 此三柱神者、胸形君等之以伊都久三前大神者也。（此《こ》の三柱《みはしら》の神は、胸形君等《むなかたのきみら》の以《も》ちいつく

三前《みまへ》の大神なり）

阿曇《あづみ》氏や胸形《むなかた》氏が神代に存在して、そこで祖先を祀っていたわけではない。神代に誕生した神々の遠い子孫として、古事記を語る現在において祖神として祭っているということである。

こうした祖神の記事は他にも多くの用例を見る。

⑤（奥津比売命《おきつひめのみこと》）此者諸人以拝竈神者也。（此《こ》は諸人《もろひと》の以《も》ち拝《いつ》く竈神《かまの》ぞ）

⑥（大山咋神《おほやまくひのかみ》）此神者、坐二近淡海国之日枝山一、亦坐二葛野之松尾一、用二鳴鏑一神者也。（此《こ》の神は近淡海国《ちかつあふみのくに》の日枝《ひえ》の山に坐《ま》し、亦《また》、葛野《かづの》の松尾《まつのを》に坐《ま》して、鳴鏑《なりかぶら》を用《も》つ神ぞ）

オキツヒメが誕生して間もなく人々に「竈の神」として祀られたわけでもない。用例⑥には、鳴鏑を「用《も》」ち、日枝に「坐《ま》」し、松尾に「坐」すというオホヤマクヒの三つの行動が見られるが、それらを全て同時と解する必要もない。古事記を記す今に至るまでに、この三つの行為が完了していることを言うのである。

⑦顕二白其少名毘古那神一、所レ謂久延毘古者、於二今者一山田之曽富騰者也。（其の少名《すくな》毘《び》古《こ》那《なの》

神《かみ》を顕《あら》はし白《まを》せし謂《い》はゆる久延毘古《くえびこ》は、今者《いま》に山田の曽富騰《そほど》といふぞ）
此神者足雖レ不レ行、尽知二天下之事一神也。（此《こ》の神は、足は行かねども、尽《ことごと》に天《あめ》の下《した》の事を知れる神なり）
⑧ 其所レ謂黄泉比良坂者、今謂二出雲国之伊賦夜坂一也。（其の謂《い》はゆる黄泉比良坂《よもつひらさか》は、今、出《いづ》雲国《ものくに》の伊賦夜坂《いふやざか》と謂《い》ふ）

これらの例に明記されているように、本文注は「今」においてその神（物）がどうであるかを言うためにある。⑦において久延毘古《くえびこ》（案山子《かかし》のこと）は、「天の下」のことをよく知る神だとされているが、古事記の文脈上、「天の下」は神武即位の時に初めて成立した世界である（第5章参照）。古事記の時間軸から外して、「今」における説明文として読むことで、初めて納得される例である。

以上のように「……神者――（者）也」はほぼ定型と認めてよい書式であり、その記事を古事記の〈神話〉の時間軸の上で理解する必要はない。むしろ「本文注」「説明文」として読むべき場合の圧倒的に多い書式である。神の特徴であれ、鎮座のことであれ、子孫のことであれ、どこかの時点からの神々の姿と理解して、遅くとも「今」はどうであるか、「今」までに何をしたかという、神々の履歴として読めばよいのである。

書かれた古事記が獲得した、〈神話〉文脈とは別の、もう一つの次元であると言ってもよい。神の誕生から、古事記を書き、読ませる現在まで、とにかく時の流れから自由なのである。

さて、問題の一文をもう一度原文で示しておこう。

此三柱神者、並独神成坐而、隠身也。

〈神話〉の文脈や、時間の流れの中で読む必然性は、もはやないだろう。古事記を語る現在までに「独神と成り」「身を隠した」という二つのことが完了したと理解すればよいのである。その二つが必ずしも同時であるとも限らず、それぞれが「今」に到るまでの神々の履歴の一端なのである。試みに現代語訳してみると、

この三柱の神は、いずれも単独神として誕生し、最後には身を隠した神であるぞ。

ということになる。つまり、タカミムスヒやカミムスヒなどの「別天つ神」は、「神代《かむよ》」や「神武天皇の時代」には、肉体を持ち、子供を持って、他の神々と同じ世界で活動し、その後に「いつか身を隠した」のである。古事記内での活躍と「隠身」のことはまったく矛盾しない。

†なぜ神々は「隠」されたのか

　では、古事記はなぜこのような「本文内の注」をつけたのだろうか。なぜ「別天つ神」をいつの間にか「隠」したのだろうか。その意図を考えなければならない。

「別天つ神」は天地創成の直後に、高天原に無条件に誕生した絶対神であり、スサノヲやアマテラス以上の存在として位置付けられている。タカミムスヒとカミムスヒを「別天つ神」というカテゴリーに括ることは、古事記の国作りが一つの理念によってなされてゆくことを説くためであった。スサノヲとオホクニヌシによる国作りも、それらが皇祖に国譲りすることと一括りにして、初めて公認されることになる。オホクニヌシを育成するスサノヲの活動も、そして皇祖による国土統治というアマテラスの決定も、「別天つ神」の保証つきなのである。

「別天つ神」は国作りを最初から最後まで見届けたすえに、「今」に到るどこかの時点で「身を隠し」たというのだ。いつ「隠」れたか、なぜ「隠」れたかは説明されない。無条件に「成」ったように、無条件に「隠」れたのである。

　神が身を「隠」す時、元の世界に対する影響力は明らかに制限される。どこに「隠」れたかはさして問題ではなく、元の世界から「隠」れたことに意味がある。アマテラスがイハヤの内に「隠」れた時、その威光は高天原にも葦原中国にも及ぶことがなく、だから世界は闇となった。オホクニヌシの「隠」れたことが服従の意味になるのは、「隠」れることで、それまで領有していた国への影響力が制限されるからに他なるまい。いずれも「隠」れた先の世界のこと、「隠」れた神の活動を語るのが目的ではないのだ。

「隠身」についての従来の説は、「隠」れたはずの神の活動を例外的に認めざるを得ないという無理を負っていたと言える。古事記が記す〈歴史〉の上では大いに活動していたが、古事記を書き、読んでいる「今」は、「ムスヒ二神はすでに顕界に対する力を失ってしまっている」という意味に解するのが妥当なのだ。

この「隠身」によって守られたのは、「別天つ神」のもはや変わりようのない判断——天皇の天下統治に至る——であり、後に残されたアマテラスの至上神としての地位である（金井前掲論文参照）。アマテラスとは異なる有力神たちを無視することなく、それをうまく利用しながら、アマテラスの子孫による国土統治の由来を、客観性をもって説こうというのである。

そのいっぽうで、大和王権主導の祭祀（律令祭祀）における皇祖アマテラスの至上性を確保することも必須事項だったのだ。そのために古事記が採るべきは、「別天つ神」を使うだけ使った上で、いつとはなしにそっと「隠」し、神の世界、人々の信仰の対象から穏やかに消し去る方法だったのではないだろうか。

2 〈建国神話〉の形成――第Ⅰ部まとめ

†記紀の〈神話〉の構成

これまで述べたことを試みに図示してみたい。

左の系図（図2）で言えば、網掛けの部分が古事記の〈神話〉の主題ということになる。これだけ言えば、古事記の〈神話〉はよさそうなのに、なぜスサノヲやオホクニヌシの話が必要だったのか。なぜ、オホクニヌシに国作りをさせ、その後に国譲りをさせるという大きな迂回路を通らなければならなかったのか。それら地方の神々の存在を容認しながら、新しい〈神話〉を作らないと、〈神話〉が誰にも信用されないからである。その際に、皇祖アマテラスでもなく、出雲の神々の祖に位置付けられたスサノヲでもない、いわば中立神にして絶対神である「別天つ神」を有効に使ったのだ。

†〈建国神話〉の形成まで

本章のまとめとして、国家の〈建国神話〉が出来るまでをたどっておきたい。「日本」が出来るずっと以前に、この列島の上に、それぞれの神話を頂いた数多くの村落共同体があった。神話は昔話とは違って、人の生死や、共同体の掟などを規定する「神話力」を持って、共同体の中で口承されていた。そこから国家が出来るまでを想像してみよう（図3）。

まずは、近隣の共同体同士が集まって小さな国が作られていった。たとえば、稲作の開始によって多量の水が必要になった時、川の水利権をめぐって、流域の共同体同士が交渉し、あるいは競争し、それが小さな国が出来る一つの契機になった。小さな国には、共通の掟が必要で

図2　イザナキからの系図

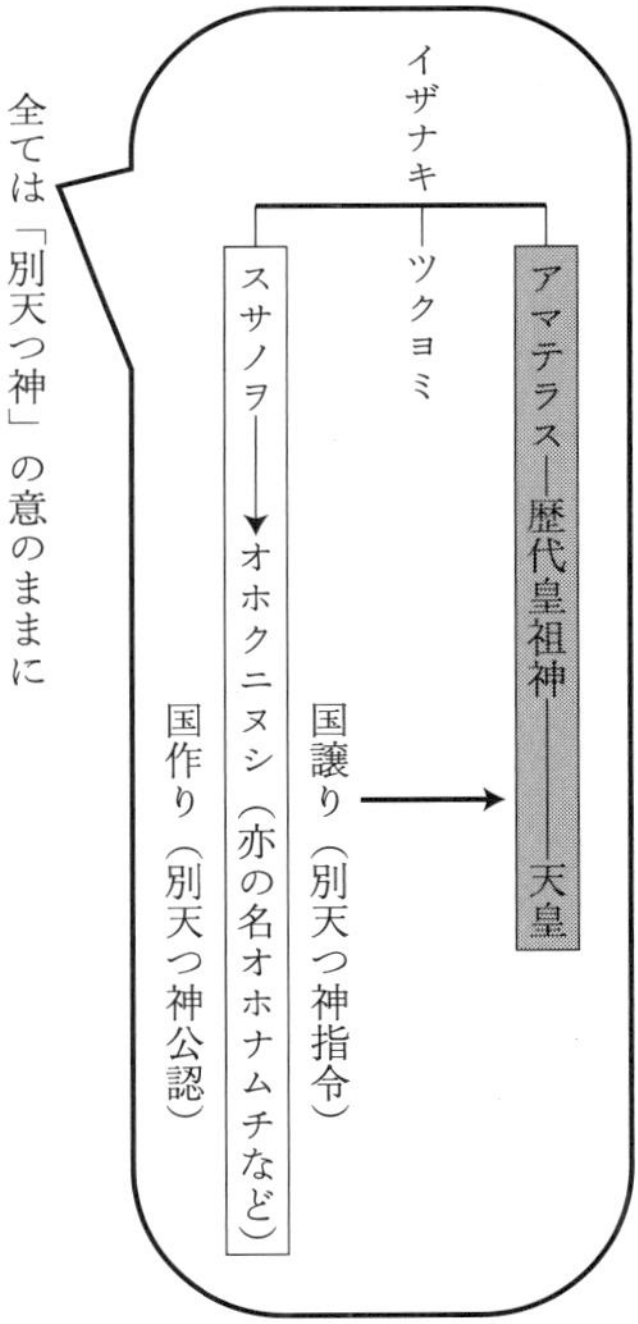

図3　国家〈神話〉の形成まで

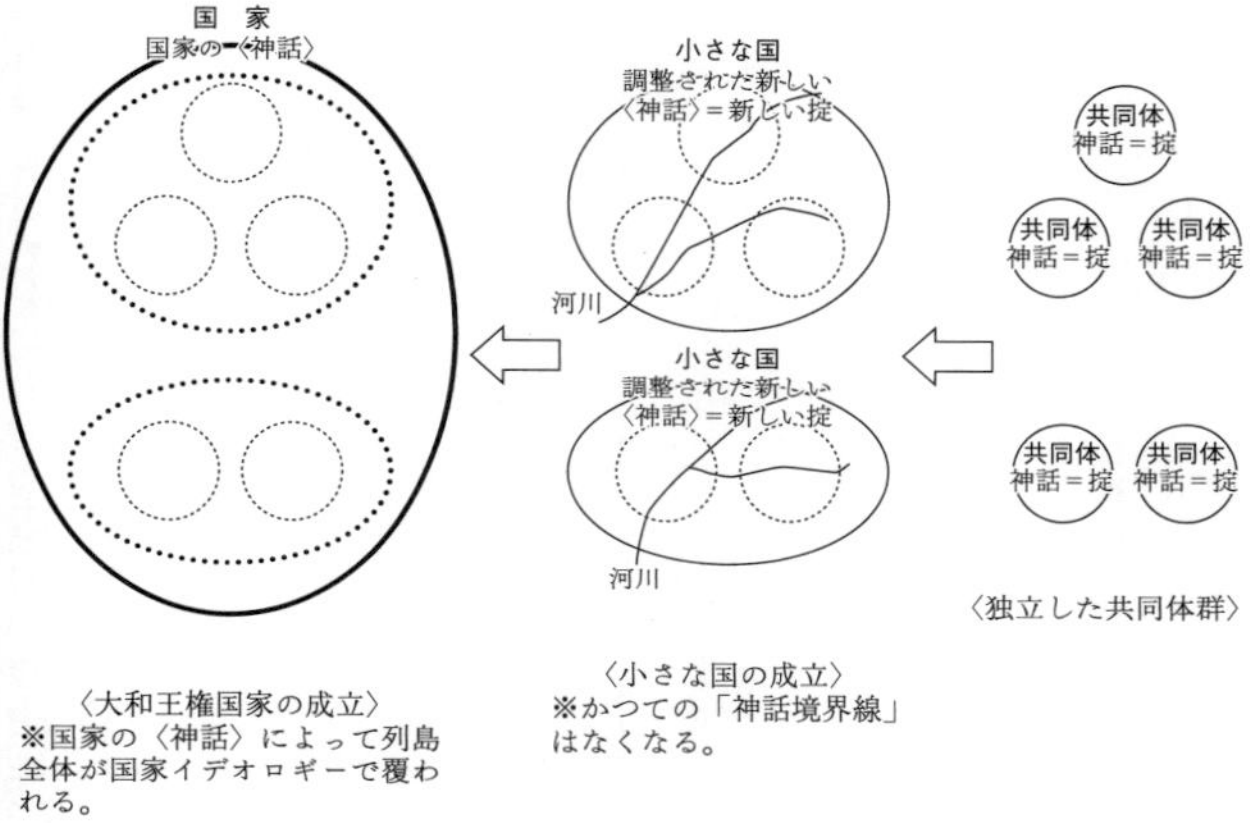

〈独立した共同体群〉
〈小さな国の成立〉
※かつての「神話境界線」
はなくなる。
〈大和王権国家の成立〉
※国家の〈神話〉によって列島
全体が国家イデオロギーで覆わ
れる。

あったに違いなく、そのために以前の神話は取捨選択、あるいは改変されていったに違いない。

その後、いくつもの段階を経て、大和王権が「日本」とか「大八洲国」という名の国家を形成することになるが、その際にも神話は重要な役割を果たしていたらしく、だからこそ古事記や日本書紀の〈歴史〉が、その最初に「神代《かむよ》」、つまり〈記紀神話〉を置いたに相違ない。

そうした国家の〈神話〉は大和王権国家の成り立ちを説くために高度に編纂された〈神話〉だが、それが神話として信じられるためには、地方の神々や、かつて共同体で人々が口承していたであろう神話を巻き込んでいくことが必要だった。たとえば、ある地方の人々が、アマテラスだけを神とする〈神話〉を明日から信じて生きるように命じられて納得するようには思えない。その〈神話〉に、その地方の人々が代々祭ってきた神が登場したり、村の古老から聞いた覚えのある神話の一部でもあれば、その信用度は一気に増すのではないだろうか。それでこそ、大和王権が〈神話〉を用いて国家の起源を説く意味があるのだ。

だから、古事記・日本書紀の〈神話〉には、民間神話の痕跡があり、また、列島各地で信仰されていたであろう八百万神が登場する。その上で、極めて精緻な計算のもとで、大和王権が国家を統治するまでの〈歴史〉が展開され、列島全体がひとつの〈神話〉で覆われてゆくのである。「神話力」を巧みに操った精神上の国家建設の歴史である。

第Ⅱ部 記・紀の〈神話〉をどう読むか

日向の高千穂（宮崎県）の朝陽。皇祖ホノニニギが降り立った「天孫降臨の地」とされる。
（写真提供：PIXTA）

第4章 〈神話〉は読めるか——記紀以降の〈神話〉作り

1 再生産された〈神話〉

†「神話力」

これまで、古事記・日本書紀（以下、記・紀とも言う）の〈神話〉が民間の神話や地方の神々を巻き込んで創作された跡を見てきた。それらを無視して、完全にオリジナルな新作を拵《こしら》えたとしたら、それは「昔○○ありけり《伝聞過去》」（昔○○があったとさ）という物語や昔話にはなり得ても、人々が共有する過去（いにしへ＝去《い》にし《直接経験》辺《へ》）の事実として、「今」を規定するだけの説得力は持ち得まい。そうした「拘束」の裏返しが「神話力」なのである。

それでは、そのように作られてきた〈神話〉をどう読んだらよいか。本章では、古事記と日本書紀のそれぞれの〈神話〉の読み方について提言をしたい。

†〈神話〉の再生産——『先代旧事本紀』

はじめに、記紀以降に作られた新しい〈神話〉の読み方について触れておきたい。大和王権の〈神話〉が作られてしまうと、これが今度は「神話力」を発揮する。それが王権の〈神話〉ともなれば、その「神話力」には権威のようなものまでが含まれてくると予測できよう。その後に作られた新しい〈神話〉は、権威ある〈神話〉に拘束されながら、新たな主張をそこに乗せる形で、再生産されていった。

ここでは、『先代旧事本紀《せんだいくじほんぎ》』(『旧事本紀《くじほんぎ》』『旧事紀《くじき》』とも言う)の〈神話〉を見てみよう。『旧事紀』は、その序の中で「推古天皇時代に聖徳太子と蘇我馬子《そがのうまこ》によって作られた」と書いている。しかし、事実は平安初期に成立した偽書《ぎしょ》である。内容から、物部《もののべ》氏の氏文《うじぶみ》(祖先の功績など氏族の由緒を記した文書)としての性格が強く、実際の編者は物部氏の関係者であったと推察される。

†〈記紀神話〉の切り貼り

さて、その『旧事紀』には、かなりの分量におよぶ神々の話が記されているのだが、その大部分が、古事記や日本書紀、さらには忌部《いんべ》氏の氏文『古語拾遺《こごしゅうい》』（忌部広成《いんべのひろなり》撰、八〇八年頃成立）の〈神話〉の切り貼りなのである。内容だけではなく、文章そのものの切り貼りである。

しかも、古事記・日本書紀については、その〈神話〉諸伝の多くにわたって切り貼りをしていて、内容的にはほぼ網羅的だと言える。諸伝と言ったのは、日本書紀の〈神話〉が、段ごとに「主文」と複数の「一書《いっしょ（あるふみ）》」（異伝）を列挙しているからである（第6章参照）。それらを切り貼りしてつないだところで、もちろん文脈など通るはずもない。たとえば、古事記・日本書紀（第五段）の諸伝の中には、日の神＝アマテラスの誕生に関する三通りの伝承がある。イザナキが日向《ひむか》の国で禊《みそ》ぎをした際に化生《けしょう》したとする伝承（古事記・日本書紀一書第六）、イザナキが白銅鏡《ますみのかがみ》を手にした時に誕生したという伝承（日本書紀一書第一）、イザナキ・イザナミ夫婦の子として生まれたという伝承（日本書紀主文）である。『旧事紀』は、それらを全て一本の〈神話〉の中に掲載しているのである。だから、合理的に通読することなど不可能なのだ。

もう一例として、ヒルコをめぐる文脈を追ってみよう。ヒルコとは古事記で「水蛭子《ひるこ》」、日本書紀で「蛭児《ひるこ》」と書くように、少なくとも記紀においては「蛭」のような不完全な子として流し捨てられてしまう存在である。まず国生みの段には次のようにある。

①イザナキ・イザナミは、「天祖」から地上の国土を治めよとの詔《みことのり》を受ける。二神は、天《あめ》の浮橋《うきはし》から天のヌボコ（玉で飾った矛）をおろして海原を発見する。そのヌボコの先から落ちた海水が凝結して、そこにオノゴロジマが誕生する。その島に降り立った二神は、互いの肉体の違いを確認しあい、「我が身の成り余《あま》れる処をもちて、汝《な》が身の成り合はざる処に刺し塞《ふた》ぎて、国土《くに》を産《う》まむとおもふは、いかに」「……しか善《よ》けむ（それはよろしいでしょう）」と合意して結婚に及ぶが、先にイザナミが「何と良い男でしょう」と求愛の言葉を発したこと（女子先唱）が原因でヒルコが生まれてしまう。ヒルコは葦船に入れて流し棄てられる。

②イザナキ・イザナミは、天つ神の指示を受けて、「吾が身の成り余れる処、雄《を》の元《はじめ》の処を以ちて……」「……しか善けむ」と再び結婚の合意をする。

③しかし、イザナキ・イザナミは「雌雄《めを》初めて会ふ」時にあたって、「交合《とつぎ》の術《みち》」を知らず、偶然飛んできた鶺鴒《せきれい》の動きから「交通《とつぎ》の術」を学び、国生みを実行する。

さらに、日の神の誕生の場面には次のようにある。

④ヒルコが生まれ、それは三歳まで脚が立たなかった。
⑤以前の女子先唱によって、初めと終わりにヒルコが生まれたのである。
⑥次にトリノイハクスブネが生まれ、それにヒルコを載せて流し棄てる。
⑦その後、火の神であるカグツチを出産するに及び、イザナミは死去する。

古事記・日本書紀の〈神話〉諸伝を切り接ぎしながら、とにかく全てを網羅的に取り入れているのである。これを一本の筋書きとして読もうとすれば、当然のことながら齟齬が生じる。たとえば、③は「雌雄の初会」などではないし、「交合《とつぎ》の術《みち》」については、①や②でイザナキの口から十分な説明がなされているではないか。

さらに⑤には、ヒルコが二度生まれることの釈明を「……だから最初と最後に生まれた」としているが、二度目のヒルコさえ最後の子ではない。トリノイハクスブネが生まれ、それに乗せてヒルコを流すという伝承を載せる必要があった。さらにイザナミの死からイザナキによる黄泉の国訪問へと話を展開させるために、火の神カグツチの誕生を描く必要もあった。とにかく〈神話〉諸伝を網羅するために、自己矛盾を犯しているのだ。『旧事紀』の〈神話〉のほとんど全編が、このような矛盾や齟齬や重複で満たされているのである。なぜ『旧事紀』はこんな滅茶苦茶な〈神話〉を作ったのだろう。

†二度の天孫降臨――『旧事紀』の独自伝承

なぜ滅茶苦茶な〈神話〉を作ったか。その答えは少し後にして、次に『旧事紀』の〈神話〉の中で、数少ない独自伝承の一つを見てみよう。

いわゆる天孫降臨（正確には「天《あま》つ神《かみ》の子《みこ》」の降臨）に関わる伝承である。

①アマテラスが自身の子であるオシホミミに降臨を命じる。タカミムスヒの娘タクハタチヂヒメとオシホミミとの間にニギハヤヒが生まれ、ニギハヤヒの降臨が決定する。
②ニギハヤヒには十種の神宝と「ゆらゆらとふるへ」という呪文が授けられる。
③ニギハヤヒは降臨した後に死去し、天上でその葬儀が行われる。
④アマテラスは再びオシホミミに降臨を指令する。
⑤オシホミミには三種の神器が授けられる。
⑥タカミムスヒの娘タクハタチヂヒメとオシホミミの間にホノニニギが生まれ、ホノニニギの降臨が指令される。
⑦（巻末近くの系譜記事）オシホミミとタカミムスヒとの間の子は二男子である。兄の名はニギハヤヒ、弟の名はホノニニギである。

（以上、巻三「天神本紀《てんじんほんぎ》」）

二つの「天孫降臨」が記されるが、文脈上の目立った齟齬は認められない。さらに、別の巻（巻五「天孫本紀《てんそんほんぎ》」）には次のような記事がある。

⑧「天《あま》つ神《かみ》の子《みこ》」は「両種」ある。

⑨ホノニニギの子孫のイハレヒコ（神武天皇）と、ニギハヤヒの子のウマシマヂ（物部氏の祖）との間で、神剣と十種の瑞宝が交換される。

ここにも何らおかしな点はない。

以上のように、『旧事紀』には二つの「天孫降臨」が書かれているのである。一つは古事記・日本書紀が伝える神武の祖先としてのホノニニギの降臨、もう一つは物部氏の祖先であるニギハヤヒの降臨である。ただ、他の重複伝承とは異なり、矛盾なく二度の天孫降臨として理解することができるのだ。

†二つの天孫降臨――記・紀の場合

ところで、古事記と日本書紀にもニギハヤヒの降臨が、ともに神武天皇の即位前の記事の中に記されている。まず日本書紀の内容は次のとおりである。

長髄彦《ながすねびこ》が神武のもとに使者を派遣して次のように言ってきた。「むかし天《あま》つ神《かみ》の子《みこ》が天《あめの》磐船《いはふね》に乗って天から降臨した。その名をニギハヤヒと言う。そのニギハヤヒは私の娘を妻としてウマシマデという子を生んだ。私はニギハヤヒにお仕えしているが、天つ神の子がなぜ二種もいるのか。お前は天つ神の子だと偽って他人の国を奪うつもりだろう」と。それに対して神武は答えた。「天つ神の子は大勢いる。あなたが仕えているのが本当に天つ神の子ならば必ず証拠のものがあるはずだから、それを見せろ」と。

長髄彦がニギハヤヒの神宝を神武に見せると、神武はそれを「真の証拠である」と認め、反対に自らの神宝を長髄彦に示した。長髄彦はそれを見て恐れ畏まったが、それでも反抗心を翻すことはなかった。

ニギハヤヒ自身は、天つ神が本当に可愛がっているのが天孫（皇統）であることを知っていた。また、長髄彦の性格が捻《ね》じ曲がっており、神と人との間のけじめなど教え諭すことが不可能であることを知って彼を殺した。

神武はもとよりニギハヤヒが天から降臨したことを承知しており、今その忠誠心を確認してニギハヤヒを寵愛した。ニギハヤヒは物部氏の遠い祖先である。（巻三、神武即位前

紀）

日本書紀は、物部氏の祖であるニギハヤヒが天つ神の子であると認め、その上で、神武天皇の優位性を述べている。物部氏の由緒を公認しつつ、天皇と物部氏との主従関係の正当性を説いているのである。

古事記の方はこれほど詳細な記述を持っていないが、それでもニギハヤヒの降臨について無視はしていない。

ニギハヤヒが天《あま》つ神《かみ》の御子《みこ》（神武）のもとに参上し、次のように申した。「天つ神の御子が天降って来られたと聞きました。それで、その後を追って天から降り、ここに参上いたしました」と。そしてニギハヤヒは、自らが携えていた「天《あま》つ瑞《しるし》」を献上して神武にお仕えした。（中巻、神武東遷）

古事記の場合、皇祖が先に降臨し、ニギハヤヒはその後を追って降臨したとされている。「天つ瑞」とは、ニギハヤヒ自身が天つ神の系譜に連なることを証明する神宝であろう。

このように日本書紀・古事記はともに物部氏の祖ニギハヤヒが天つ神の系譜に連なり、天から降臨してきたことを認め、その上で、神武の優位性を主張しているのである。

さて、この古事記の降臨記事についてであるが、『旧事紀』はそれをそのままに記していない。『旧事紀』の〈神話〉にとって極めて興味ある内容の〈神話〉であったはずなのだが、ここでだけ例の網羅主義が貫かれていないのである。だから、書かないことにはきっと意図があったはずなのだ。その意図は明瞭である。ニギハヤヒが先だとする『旧事紀』の主張があったからに他ならない。

†『旧事紀』の〈神話〉作り

以上のような『旧事紀』の〈神話〉作りの意図をこう考えたらどうだろうか。『旧事紀』が言いたいことは、「天つ神の子」であるニギハヤヒが皇祖に先立って降臨したこと、ほぼこの一点に尽きるのだ。そのために、「天孫降臨」の筋書きだけは矛盾なく読むことができるようになっており、そこだけは網羅主義が採られていないのである。

では、〈神話〉の大部分を占める網羅的引用は何のためであったのだろうか。それは、唯一の主張を行うための、土台作りである。『旧事紀』が作られた当時には、もちろん古事記と日本書紀とはとっくに成立しており、それらの〈神話〉は大和王権による国家の〈神話〉としての権威を持っていた。

『旧事紀』は、古事記・日本書紀より以前に書かれたと主張する偽書《ぎしょ》なのだが、実際は古事記・日本書紀の権威を利用しているのである。つまり、「後に古事記・日本書紀に採録されるような、由緒ある古伝承を伝える書物なのだ」という形で。そして、その権威の上に、僅かな自己主張を乗せ、その主張に説得力を持たせようとしたのである。このように、明らかに古事記や日本書紀の〈神話〉を利用して、言い方を換えれば、それらの〈神話〉に拘束されながら、新しい〈神話〉が意図的に作られていった。〈神話〉は自由に作っても意味がなく、既存の、権威ある〈神話〉の上に再生産されてこそ説得力（神話力）を持つことができたのだろう。

さて、「天孫降臨」については、『旧事紀』と古事記・日本書紀との間で主張の違いが見られたが、注意すべきは「違い」だけではない。大和王権の〈歴史〉を記す古事記・日本書紀が物部氏の祖先であるニギハヤヒの降臨を認め、いっぽう物部氏の氏文である『旧事紀』も皇祖ホノニニギの降臨を認めている。その事実にも留意したい。互いに、相手の〈降臨神話〉を認めつつ、その上に、たとえば「うちが先だ」「うちが優位だ」というそれぞれの主張をしているのだ。自分勝手なだけの〈神話〉では、「神話力」など維持できないということだろう。

†『旧事紀』の〈神話〉をどう読むか

このようにして作られた『旧事紀』の〈神話〉を、筋の通った作品として読み通すことはできない。〈記紀神話〉の諸伝を網羅したことによって、日の神アマテラスが何度も誕生することになった〈神話〉に文脈などあり得ない。そんなことは編者自身が承知のはずである。また、その中のいずれが正伝であるとの主張もない。『旧事紀』の〈神話〉の大部分は、分量的には僅かな自己主張に説得力を持たせるために存在しているのかも知れないのだ。だから、ただ丁寧にその字面を追い、懸命に文脈をたどろうとしても、そこからは編者の意図さえ見えてこないのではないか。

『旧事紀』が、古事記や日本書紀の〈神話〉をどう受け止めながら、その「神話力」を維持しようとしたか。そして、その上にどのような自己主張を乗せて、新しい〈神話〉を作ったのか。その過程を見届けることで、新しい〈神話〉の主張が初めて見えてくるのであろう。つまり〈神話〉の作られ方、形成過程こそが、〈神話〉をひとつの「作品」として理解する唯一の方法であるように思う。おそらくこのことは、古事記・日本書紀、それに諸国の「風土記」などが伝える全ての〈神話〉に適応できる「読み」の方法であると思うのである。

第5章　古事記の〈神話〉をどう読むか

1　〈記紀神話〉の有効性

†「記紀神話」批判

古事記・日本書紀の〈神話〉を読む場合、両者の相互関係をどのようにおさえるべきかが一つの鍵になる。ほぼ同時代に、同じ大和王権の手によって、ともに大和王権国家の〈歴史〉を説くために編まれた両書の〈神話〉である。日本書紀（七二〇年成立）の編者の前には古事記（七一二年成立）の〈神話〉がほぼ確実にあったし、日本書紀に採録された多くの〈神話〉群は、おそらく古事記編者の前にも資料として存在したであろう。だから、古事記・日本書紀両書の〈神話〉を読むためには、〈神話〉から〈神話〉への再生産という『旧事紀』で見たのと同じあり方までを念頭に入れる必要がありそうだ。

両書の〈神話〉は、紛れもなく、それぞれ別個のテキストである。しかしながら、そのどちらともつかない「記紀神話」という漠然とした捉え方が、かつては享受史の上で支配的だった。中世以降の神道家たち、近世の国学者たちは、古事記や日本書紀の記述の背後に唯一無二の歴史的事実があったと信じ（少なくともそのような立場にたって）、古事記・日本書紀の記述から、一つしかない歴史を明らかにしようとした。このころ「記紀神話」という呼称こそなかったが、それに相当する〈神話〉が確かに作られていたのだ。

近代の研究史においては、たとえば、古事記・日本書紀の諸伝を比較検討して、どれが原伝承に近く、それがどのような過程を経てどの伝承になったかというような、確かに科学的な〈神話〉形成論が、「記紀神話研究」の名のもとに展開された。このように、享受史・研究史の上で長きにわたって、両書の〈神話〉諸伝が合わされて「記紀神話」と称されてきたのだ。中には、古事記の伝承と日本書紀の諸伝の要素を臨機応変に組み合わせて、ありもしない一伝承を拵《こしら》え、それを「日本神話」と称して諸外国の神話と比較するような者もいた。

古事記と日本書紀それぞれの〈神話〉は決して同じものではない。筋書きが似ていても、その基本となる理念が違ったりもする。たとえばイザナキ・イザナミの国生みを見てみよう。古事記では、「別天つ神《ことあまつかみ》」の指令をうけてイザナキ・イザナミが国を生む。いっぽう日本書紀の主文では、イザナキは陽神、イザナミは陰神として、陰陽二気の体現者として自ら国を生む。古事記が「天」主導の国作りの一環と位置づけているのに対して、日本書紀主文では「陰陽二元論」が国作りの中核を成している（神野志隆光『古事記の世界観』吉川弘文館）。そこを読みとらなければ確かに意味がない。

「記紀神話」などというものは、もともと存在しないのであって、後の時代の享受者たちが勝手に作りあげた新しい〈神話〉にすぎないという批判もある。かつてのような「記紀神話」「日本神話」という漠然とした捉え方は、たしかに研究史上の遺物となりつつあり、今や古事記は古事記、日本書紀は日本書紀として読むというのが学界の中でも有力になっている。

†〈記紀神話〉の可能性

だが、あえて〈記紀神話〉の有効性を唱えたい。とは言っても、両書を無批判に綯交《ないま》ぜにしていたかつての「記紀神話」とは区別して、〈 〉を付けて〈記紀神話〉と呼ぶことにする。

両書の〈神話〉は確かに違うものだが、ではなぜ共通点がかくも沢山あるのだろうか。天地創成から、イザナキ・イザナミの国生み、アマテラスのイハヤ隠れ、スサノヲのヲロチ退治、天孫降臨、日向三代の物語、初代神武の誕生まで、大雑把に言ってだいたい同じ筋書きが展開しているのである。日本書紀の〈神話〉をどう読むかは未解決の大きな問題で、次章で詳細に論じるつもりであるが、仮にその主文だけを読むにしても、あるいは一書を含めた全体として眺めるとしても、述べたような大きな筋書きは変わらない。

たとえば、イザナキ・イザナミ以外の神々が国生みをしたり、アマテラスが勇敢にヤマタノヲロチを退治したり、降臨する天孫がホノニニギでなかったり、天孫が日向ではなく大和や出雲に天降《あまくだ》ったりするような、「奇抜」に見えるほどの個性をもった〈神話〉は、少なくとも古事記や日本書紀にはないのだ。両書が伝える〈神話〉諸伝は、いわば当時の常識の範囲内にあったと言える。

繰り返しになるが、それぞれを独立した「作品」として読むことは有効である。ただ、その際にも、それが〈神話〉であることを忘れてはならないだろう。「奇抜」なまでの個性が、〈神話〉としての説得力、つまり本書のテーマでもある「神話力」を維持できるとは思えないからである。もし「神話力」がないならば、そもそも古事記や日本書紀が〈神話〉を持った意味がない。だから、大和王権の〈建国神話〉としての一定の振り幅の中でこそ、古事記・日本書紀のそれぞれの〈神話〉は生きていたはずなのである。それぞれ別個の漢字テキストであると同時に、〈神話〉として受け止められることを求めているのだ。

テキストという見方を持たないかつての「記紀神話」観がもはや有効でないことは自明だが、いま一度、今度は自覚的に古事記・日本書紀の〈神話〉諸伝を大きく包み込むような〈記紀神話〉という世界を見据え、その上に古事記や日本書紀のテキストを置いてみたいのだ。

†古事記〈神話〉の主題――「天皇治二天下一」

皇祖ホノニニギは筑紫《つくし》の日向《ひむか》に降臨する。古事記でも日本書紀諸伝でも、そのことに変わりはない。さて、日向への降臨は古事記の〈神話〉の中でどのような意味を持っているのだろうか。それを考えるについては、まず古事記の〈神話〉が採用した建国の基本理念を確認するところから始めたい。

大和王権は自らの統治領域を「天《あめ》の下《した》」と呼ぶ。「天の下」は、本居宣長が「漢国《カラクニ》より書籍《フミ》渡参来《リマヰキ》て言初《イヒソメ》たる称《ナ》」(『古事記伝』十八之巻)であると指摘して以来、漢語「天下《テンカ》」の訓読語であるとされている。漢語の「天下」は、皇帝の統治する中華帝国を意味する語である。つまり、自らが世界の中心(中華・中国)であるとし、その周囲に朝貢国を従える構造の帝国である(『石母田正著作集』第十巻、岩波書店)。

「天の下」はどうだろうか。「国」とはどう違うのだろうか。「天の下」という名の世界は、古事記・日本書紀・祝詞《のりと》・宣命《せんみょう》などの言わば公的な文献や、万葉集の宮廷儀礼歌に頻出するのだが、そのほとんどが天皇が統治する世界を指している（戸谷高明『古代文学の天と日』新典社）。物理的に存在する土地の意味でも、作物を育む土壌の意味でも、限られた一地域の呼称でもないのだ。その点、「国」という抽象的で意味範囲の広い語とは違う。

大和王権が盛んに「天の下」を用いたことには意味がある。かつて、この列島にあった国々は中国歴代王朝が営む「天下」の隅に位置していた。それが推古朝あたりになると、自ら東アジアにおける小さな中国であるかのような主張を行うようになっていた。その小さな中国を中心とした小さな帝国が、「天下」ならぬ「天の下」なのである。古事記の中巻では、「天下」とまさに相似形の構造をもった「天の下」が、歴代天皇によって実現されてゆくのである（神野志『古事記とはなにか』講談社学術文庫）。さて、古事記の〈神話〉は、こうした日本独自の「天の下」の正当性をどのように説いているだろうか。

†古事記〈神話〉の主文脈──「天の下」の成立

古事記は「天の下」の由来を神話的な世界関係によって説いてゆく（神野志『古事記の世界観』）。まず上巻「神代《かむよ》」から中巻冒頭の神武天皇即位の直前まで、地上の国土は「葦原中国《あしはらのなかつくに》」として一括されている。そして「葦原中国」の存立根拠として、皇祖の原郷である「高天原《たかまのはら》」があったというのだ。もうお分かりだろう。「葦原中国」は「高天原」の「下」にあって、だから将来「天の下」になり得るというわけだ。

そして、この上下の世界関係が国土の中に復元されて、天皇の都を中心とした「天の下」が実現されたという理屈である。都を「天」と表現する例は少なくない。天皇が「高天原」の主宰神である「天照大御神」から「天津日継《あまつひつぎ》」（皇位）を継承し、地上の「天」にいるからこそ、「天の下」を統治することができるということだ。

初代神武が史上初めて「天の下」を治める筋書きを古事記は次のように記している。

① 神倭《かむやまと》いはれびこ命《のみこと》、其のいろ兄《え》五瀬命《いつせのみこと》と二柱《ふたはしら》、高千穂宮《たかちほのみや》に坐《ま》して議《はか》りて云《の》りたまひしく、「何《いづれ》の地《ところ》に坐《ま》さば、平《たひら》けく天《あめ》の下《した》の政《まつりごと》を聞《きこ》し看《め》さむ（どこに居を構えたら平安に天の下を治めることができるだろう）。猶東《なほひむかし》に行かむ」とのりたまひて、即《すなは》ち日向《ひむか》より発《た》たして、筑紫《つくし》に幸行《い》でましき。

② 高倉下《たかくらじ》答へ曰《まを》ししく、「己《おの》が夢《いめ》に、天照大神《あまてらすおほみかみ》・高木神《たかぎのかみ》、二柱の神の命《みこと》以ちて、建御雷神《たけみかづちのかみ》を召《よ》びて詔《の》りたまひしく、「葦原中国《あしはらのなかつくに》はいたくさやぎてありなり（地上の国土はとても騒々しいようだ）。我が御子《みこ》等《たち》、不平《やくさ》み坐《ま》すらし（困っておいでのようだ）。其の葦原中国は、専《もは》ら汝《いまし》が言向《ことむ》けし国なり。……」……」

③ 邇芸速日命《にぎはやひのみこと》参赴《まゐおもむ》きて、天《あま》つ神《かみ》の御子《みこ》（神武）に白《まを》ししく「天つ神の御子（皇祖）天降《あも》り

坐《ま》しぬと聞けり。故《かれ》、追ひて参降《まゐくだ》り来《き》つ」とまをして、即《すなは》ち天つ瑞《しるし》（天つ神である証拠の神宝）を献《たてまつ》りて仕《つか》へ奉《まつ》りき。……（中略）……故《かれ》、如此《かく》荒《あら》ぶる神等《かみども》を言向《ことむ》け平和《やは》し、伏《まつろ》はぬ人等《ひとども》を退《そ》け撥《はら》ひて、畝火《うねび》の白檮原宮《かしはらのみや》に坐《ま》しまして、天《あめ》の下治《したし》らしめしき。

①〜③は時系列の展開である。①は中巻冒頭の、神武が日向を発ち、東を目指す旅の発端の場面、②は高倉下《たかくらじ》という人物の夢にアマテラスが現れて神武援護の策を講じている場面、③は物部氏の祖ニギハヤヒが神武に神宝を献上し、神武が倭の白檮原《かしはら》に建都する場面である。「天の下」は①の冒頭から現れるが、それは「天の下の政《まつりごと》」を「聞し看《きこめ》さむ」という構想が示されているだけであり、この時点ではまだ「天の下」は成り立っていない。それを裏付けるように、②で地上の国土はいまだに神代《かむよ》以来の「葦原中国《あしはらのなかつくに》」でしかないのだ。

「天の下」が成立するためには、まだ何かが欠けていたのである。そもそも神武は、「天の下」を治めるために「東に行く」のであった。「何《いづれ》の地《ところ》に坐《ま》さば」という条件を満たすことなしには、「天の下」の統治が実現されなかったのである。それは②でも達成されず、ようやく③において、「畝火《うねび》の白檮原宮《かしはらのみや》に坐《ま》しまして」と先の条件を満たし、その瞬間に、史上初めて「天の下」を治めることができたというのである。

「天の下」の「天」が天皇の宮都であることは既に述べたが、それは、神武がいた「高千穂《たかちほの》宮《みや》」（南九州）ではなく、東遷の途次の「筑紫の岡田宮《をかだのみや》」（福岡）や「阿岐の多祁理宮《あきたけりのみや》」（広島）や「吉備の高嶋宮《たかしまのみや》」（岡山）でもなく、他ならぬ「倭《やまと》」の「白檮原宮《かしはらのみや》」（現在の奈良県橿原市）だった。「天の下」の頂点である「天」＝宮都の祖形は「倭」にあったのだ。倭は、高天原から天降った天《あめ》の香具山《かぐやま》（『伊予国風土記（逸文）』『阿波国風土記（逸文）』）があるように、高天原そっくりなのである。もちろん実際には、倭をモデルに高天原が作られたに相違ないが。

神武の東遷は、つねに「上行」「上幸」と表現されている。もとより倭は、国土における思想的に最も高い場所として設定されていて、それは上巻の時代から変わらなかった。第2章で詳しく述べたが、スサノヲの子孫であるオホクニヌシは、葦原中国のほぼ全土を支配するものの、倭にだけは「上《のぼ》」ることが許されなかったのだ。この点が、「大いなる国の主」でありながら、天皇と決定的に違うところだと古事記は説いている。

見てきたように、③こそが「天の下」成立の瞬間である。これまで高天原のアマテラスやその子孫の「天つ神の御子《あまつかみのみこ》」に支配されていた「葦原中国」が、「高天原」から「天降」った「天つ神の御子」によって、初めて「天の下」として統治された瞬間である。この直後、神武は初めて「天皇」と呼ばれ、それ以来「天つ神の御子」という呼称は一切みられなくなる。なぜかと言えば、ここが正真正銘の〈神話〉の終焉であり、天皇時代の幕開けだからである。

†倭への「天降り」

③で注目されるのが、「天降」（アマクダル・アモル）という表現だ。「天つ神の御子、天降《あも》り……」とある「天つ神の御子」は、神武を含めた歴代の皇祖を指している。そして「天降」とは、古事記が歴代の皇祖とイザナキ・イザナミの降臨だけに用いた特殊な用語なのである。未遂に終わったオシホミミを含めて、「天降」る主体、あるいはアマテラスらが「天降《あまくだ》」す対象を示すと次の通りである。

「天降」る神……イザナキ・イザナミ、オシホミミ、ホノニニギ、「天つ神の御子」

天から降ってくる神々は、スサノヲをはじめとして大勢いる。アメノワカヒコのような叛逆者もいれば、天つ神の命令を遂行するタケミカヅチもいる。アメノホヒ・アマツクニダマ（アメノワカヒコの父神）、アメノトリフネなど、その名に「天《あめ・あま》」を冠した神も多い。しかし、古事記はそれらの降臨に一度たりとも「天降」を用いていない。何のためであろう。

それは「天」（高天原）の代表者だけを際立たせるために相違ない。「高天原」の代表者の「天降」は、「天」の秩序そのものが降りることを意味し得る。それで古事記は、「天つ神の御子」を「倭」にまで「天降」らせ、「倭」＝「天」を頂点とした「天の下」の成立を説いたのである。

†それでも皇祖は日向に降臨する

さて、すでにお気づきかもしれないが、「天の下」の成立を説く古事記の大きな文脈に、天孫降臨の地である「日向」が関わってこないのである。大事なのは、日向ではなく倭なのである。日向は天孫降臨の一つの通過地点に過ぎないのだ。それでも皇祖はわざわざ日向に降臨し、「日向《ひゅうが》神話」とよばれる、皇祖三代の〈歴史〉が展開する。それはなぜかという問題なのだ。

「日向神話」と並び称されるものとして「出雲神話」がある。もちろん出雲を主な舞台として、スサノヲやオホナムチ（オホクニヌシ）など出雲ゆかりの神々が活躍する物語である。ただ、出雲神話の場合、地上の国土はほぼ「葦原中国」と一括して捉えられている。たとえば、葦原中国平定条では、「高天原」の使者はみな「葦原中国」へ行くように命じられる。最後の使者となるタケミカヅチとアメノトリフネは、確かに「出雲国《いづものくに》の伊那佐《いなさ》の小浜《をばま》」に行き、そこでオホクニヌシと交渉するのだが、そこでの二神の発言はこうだ。

「天照大御神《あまてらすおほみかみ》、高木神《たかぎのかみ》の命《みこと》以ちて、問ひに使はせり。「汝《いまし》がうしはける葦原中国《あしはらのなかつくに》は、我が御《み》子《こ》の知《し》らす国ぞと言依《ことよ》さし賜《たま》ひき。故《かれ》、汝《いまし》が心は奈何《いか》に」」

出雲が問題なのではなく、「葦原中国」をどうするかが問われている。そして二神による平定作業が順調に進み、オホクニヌシの子のタケミナカタは「此の葦原中国は、天《あま》つ神《かみ》の御子《みこ》の命《みこと》の随《まにま》に献《たてまつ》らむ（御命令の通りに献上しましょう）」と言い、最後にはオホクニヌシが「此の葦原中国は、命《みこと》の随《まにま》に既《すで》に献《たてまつ》らむ（全て献上しましょう）」と宣言して、ここに「葦原中国」の国譲りが完了する。

オホクニヌシとの交渉は確かに出雲において行われていたが、ここでの問題はあくまでも「葦原中国」のことでしかない。「高天原」という世界や、その主宰神アマテラス、そしてその子孫の「天つ神の御子」が地上世界に関わる時、そこは「葦原中国」という一つの世界として現れる。「葦原中国」の全体は「高天原」の価値基準の下に作られた世界であるとして、「高天原」の「下」を根拠とした「天の下」の起源を説く。これが古事記〈神話〉の主題であり、主文脈なのである。

ところが、「日向神話」（天孫降臨後から神武東遷の途中まで）にだけは、ただの一度も「葦原中国」という世界が現れないのである。「天つ神の御子」は自ら直接「日向《ひむか》」「筑紫」「宇佐」「阿岐《あき》（安芸）」「吉備」という特定の土地と関わりを持つ。その意味で、古事記の〈神話〉の中ではかなり異彩を放っている部分だと言える。
「葦原中国」がなくなった訳ではない。神武東遷の途中になると「葦原中国はいたくさやぎてありなり」と、再び「葦原中国」が現れ（前掲②）、その後に「天つ神の御子」による倭への「天降」りから「天の下」の成立へ（前掲③）と筋書きが展開する。

では、日向は「葦原中国」の範囲外なのだろうか。そんなはずはない。ただ「日向神話」では、「葦原中国」という世界観が表だって出てこないだけなのだ。

もう一つ。古事記の〈神話〉には、「黄泉国《よみのくに》」や「根堅州国《ねのかたすくに》」といった神話的異界が出てくる。「葦原中国」は、これら神話的異界との対比を通して定位されてゆくのである。それなのに、「日向神話」で、皇祖ホヲリ（ホノニニギの子で別名ホホデミ。山幸彦のこと）が赴《おもむ》く仮称「海神《わたつみ》の世界」には名称が与えられていない。名があるかないかは大きな違いである。人であれ、神であれ、土地であれ、名はそのものの性質を表すからだ。名のない世界を、他の世界と対比することなど到底できるはずがない。

「日向神話」には、仮称「海神の世界」との関係を通して「葦原中国」を定位しようという明確な意図がないとせねばなるまい。「高天原」「黄泉国」「根堅州国」と「葦原中国」との世界関係を通して、「天の下」の成立を説いてゆく古事記の〈神話〉の大文脈の中で、「日向神話」の部分だけは異質だと言わざるを得ないのである。それでもなお、皇祖ホノニニギは日向に降臨するのである。

†海幸・山幸の〈神話〉

では、古事記の〈神話〉の中で「日向神話」はどのような意味を持っているのだろうか。「日向神話」の大きな部分を占めているのは「海幸《うみさち》・山幸《やまさち》」の話である。

これは、いわゆる釣針探求型の神話であり、その源流はインドネシアだと考えられている（松村武雄『日本神話の研究』三、培風館、大林太良『日本神話の起源』角川選書）。釣針探求型の基本的な筋書きは、「知人から借りた釣針を失った主人公が、知人から責められ、元の釣針を求めて海の世界に赴き、そこで釣針を得て知人に返却するが、最後に自分を苦しめた知人に復讐する」というものである。「海幸・山幸」の話はまさしくその型を忠実に踏んでいる。その筋書きにのって、海幸彦《うみさちびこ》は山幸彦《やまさちびこ》に制圧され、さらに海幸彦は、子々孫々に至るまでの服従を山幸彦の前で宣誓するのである。

古事記の〈神話〉におけるこの一節の意味は、その登場人物の設定をみれば一目瞭然である。服従を誓う海幸彦は、隼人《はやと》という南九州地方の民族の祖とされ、山幸彦は皇祖ホヲリ（別名ホホデミ）なのであるから。

さて、古事記や日本書紀の編纂当時まで、南九州は王権の影響力がもっとも及びにくい地域であったらしく、隼人が何度となく叛乱を繰り返していた。最後の大叛乱は、養老四年（七二〇）のこと。日本書紀が成立する年であり、もちろん古事記はとっくに成立していた。こんな時代まで、大和王権は隼人に悩まされていたのである。最後の叛乱に対して、朝廷は大宰府の長官であった大伴旅人《おほとものたびと》を「大将軍」とする兵士一万人以上とみられる「征隼人軍《せいはやとぐん》」を編成して対処したが、その鎮圧には一年数ヶ月を要した。こういう民族、こういう土地だからこそ、皇祖が降臨し、その地に君臨し、隼人の祖が永遠の服従を誓うという〈神話〉が必要だったのだ。

†なぜ「日向神話」があるのか

大和王権による南九州支配の由来を説くこと。これは古事記の〈神話〉に限ったテーマではない。「海幸・山幸」の一節は、日本書紀の〈神話〉では第十段に当たるが、そこには主文と四つの一書とがあり、記紀あわせると合計六伝承になる。この段は、古事記・日本書紀の諸伝間で、異同が際立って少ないことが知られている。異同が少ないことは、〈神話〉がしっかり固定化されていたのか、あるいは出来たてほやほやだったということなのか、いずれにしてもバラエティー豊かな異伝が作られにくい状況にあったのである。「海幸・山幸」の話は、古事記・日本書紀の編纂当時、大和王権の〈神話〉における常識中の常識だったということである。「葦原中国」が一度も現れないなど、古事記の中で最も異彩を放つ一節こそが、まさに〈建国神話〉の常識だった。これをどのように考えたらよいだろう。

「高天原」—「葦原中国」の世界関係から、皇祖の「天降り」を通して「天の下」の成立を説くという古事記〈神話〉の大文脈にとって、「日向神話」は必要なかったのだろう。だから、日向への降臨など飛ばしてしまった方が、むしろ古事記の主張は一貫して読みやすい。そこに「葦原中国」を一回でも入れることや、仮称「海神の世界」に名を与えることなどは、さして難しいことだとは思えないのだが、それさえもしていない。古事記は、「高天原」から、とにかく「倭」まで、「天つ神の御子」を「天降」らせたかった。しかしそれでもなお、〈建国神話〉としての古事記の〈神話〉にとって、「日向神話」を入れることは必須事項だったということなのだ。当時の隼人問題からしてもそうだろう。そして、ひょっとするとそのこと以上に、〈建国神話〉の「常識」という拘束力が働いていたのかもしれない。「日向神話」は、古事記の独自性を犠牲にしてでも書かないわけにはゆかなかったのだ。「高天原から倭へ皇祖が直行する」ような〈神話〉は、あまりにも奇抜すぎ、そこまで〈神話〉をいじってしまっては、「神話力」など期待できなかったに違いない。

このように考えてくると、古事記の〈神話〉には編者が消極的に採用した部分までが含まれていることになる。ずっと述べてきたように、新しい〈神話〉は、民衆が伝承していた神話や、作られた既存の〈神話〉を受け止めた上にこそ成り立つものである。神話や〈神話〉の拘束を受けてこそ、その代償に「神話力」が維持されるのである。古事記の〈神話〉を、あくまでも独立した漢字テキストとして読み込んでも、そこには編者の意図さえもない可能性がある。

古事記の〈神話〉が、〈建国神話〉の常識を踏まえながら独自の〈神話テキスト〉として成り立った過程を見据えることが必要なのだ。古事記・日本書紀の〈神話〉諸伝を総合して見えてくる〈記紀神話〉という大枠の中に、古事記の〈神話〉を位置づけてみることが、〈神話作品〉を理解する唯一の方法ではないかと思うのである。

2 古事記の〈神話〉をどう読むか

†文脈に傷がある？

一言でいって、古事記は実に「完成度の高い作品」である。用語・用字のレベルに至るまで相当に綿密な計算がなされ、それが全体の主題、文脈を支えている。そのことは、多くの研究成果によって証明されてきた。

そんな古事記の中に、「古事記」らしからぬ、おかしな所がある。しかもそれは、古事記の研究者が顕微鏡を使いながら、古事記を細胞レベルにまで分解して、そこで初めて発見されるような小さな傷ではない。説明不足で文脈がたどりにくかったり、誤魔化しながら読まないと筋が通らないような、かなり大きな傷なのだ。しかしながら、実のところ、その傷に気付くのも案外と難しい仕組みになっている。ここでは、その仕組みについて考えることにしよう。

†国作り条の「傷」

ここでは一例として、オホクニヌシの国作り条を取り上げる。文脈は①~③へと展開する。

① 是《こ》こに大国主神《のかみ》、愁《うれ》へて告《の》りたまひしく、「吾独《あれひとり》して、何《いか》にか能《よ》く此の国を得《え》作らむ。孰《いづ》れの神と吾《あれ》と、能《よ》く此の国を相作《あひつく》らむや」とのりたまひき。是の時に海を光《てら》して依《よ》り来る神ありき。其の神の言《の》りたまひしく、「能《よ》く我が前を治《をさ》めば(私のことを祀ることができるなら)、吾《あれよ》能く共与《とも》に相作《あひつく》り成さむ。若《も》し然《しか》らずは国成り難《がた》けむ」とのりたまひき。爾《こ》こに大国主神曰《まを》ししく、「然《しか》らば治《をさ》め奉《まつ》る状《さま》は奈何《いか》にぞ(どのようにお祀りしたらよいか)」とまをしたまへば、「吾《あれ》をば倭《やまと》の青垣《あをがき》の東《ひむかし》の山の上《へ》にいつき奉《まつ》れ」と答へ言《の》りたまひき。此《こ》は御《み》諸山《もろやま》の上《へ》に坐《ま》す神なり。

② 大年神《おほとしのかみ》の子孫繁栄の系譜(葦原中国が稲作適地として完成)

③　天照大御神の命以《みことも》ちて「豊葦原之千秋長五百秋之水穂国《とよあしはらのちあきのながいほあきのみづほのくに》は、我が御子、正勝吾勝勝速日天忍穂耳命《まさかつあかつかちはやひあめのおしほみみのみこと》の知らす国ぞ」と言因《ことよ》さし賜ひて（委任なさって）天降《あまくだ》したまひき。

スクナビコナという国作りの相棒が常世国《とこよのくに》に去った後、オホクニヌシは新たなパートナーを探さなければならなかった。その場面が①である。海の彼方からやってきた神は、倭の青垣山《あをがきやま》の東の頂上に祭祀されることを条件にして、国作りに対する協力を約束した。その条件に応じなければ、国は成り難いのだという。

国作りの後は、②大年神の系譜、③のアマテラスの発言へと続く。大年神とはいかなる神なのだろうか。「年《とし》」はもともと穀物の稔りを意味する語であるから、この神が偉大な稔りという神格であることは間違いない。その稔りの神の子孫の系譜の中に次のような箇所がある。

羽山戸神《はやまとのかみ》、大気都比売神《おほげつひめのかみ》を娶《めと》して生《う》める子は、若山咋神《わかやまくひのかみ》。次に若年神《わかとしのかみ》。次に妹若沙那売神《いもわかさなめのかみ》。次に弥豆麻岐神《みづまきのかみ》。次に夏高津日神《なつたかつひのかみ》、亦《また》の名は夏之売神《なつのめのかみ》。次に秋毘売神《あきびめのかみ》。次に久久年神《くくとしのかみ》。次に久久紀若室葛根神《くくきわかむろつなねのかみ》。

羽山戸神《はやまとのかみ》は、大年神の子である。それが大気都比売《おほげつひめ》という食物の女神を妻として、子孫を残した。つまり、稔りの神の系譜に食物神の血統が入り、若々しい生命力溢れる稔りの神＝若《わか》年神《としのかみ》などが生まれたのである。より分かりやすいのは、若沙那売神《わかさなめのかみ》以下である。若沙那売神は「若々しい生命力に満ちた田植えの女神」である。次に続く弥豆麻岐神《みづまきのかみ》は「灌漑を司る水の神」、さらに夏高津日神《なつたかつひのかみ》は「夏の高い陽光の神」である。その亦の名の夏之売神《なつのめのかみ》は、そのまま「夏の女神」の意味で、続いて秋毘売神《あきびめのかみ》という「秋の女神」が生まれる。次に久久年神《くくとしのかみ》であるが、「久久《くく》」は茎《くき》に通じ、「年」は稔りであるから、「茎が伸びて稔る神」という意味になる。最後の久久紀若室葛根神《くくきわかむろつなねのかみ》は、長い木材を綱で堅く結んで造る新築の家屋という程度の神名で、「新嘗祭《にいなめさい》の祭殿」の神格化であると考えられている（西郷『古事記注釈』ちくま学芸文庫）。

この系譜の意味するところは、もうお分かりであろう。田植えをし、水を管理されたイネが、夏の高い陽光を浴びて、夏の女神から秋の女神へと季節が移るにつれて、茎を伸ばして穂を稔らせ、最後には新穀の収穫祭を迎える、という一年間の稲作のあり方を表しているのである。これは、地上の国土が水稲栽培の適地として完成したことを意味するに違いない。

これを受けてアマテラスが何と言ったか。③で「葦原中国」を「豊葦原《とよあしはら》之千秋長《ちあきのながい》五百《ほ》秋之《あきの》水《みづ》穂国《ほのくに》」（豊かな永遠に瑞穂が稔る国）と称え、自らの御子が治めるべき国だと言っているのだ。御子の名は「正勝吾《まさかつあ》勝勝速日天忍穂耳命《かつかちはやひあめのおしほみみのみこと》」である。神名には穀霊の証しである「穂」が含まれている。「水穂の国」に「穂」の霊が降りてゆくという脈絡になっているのだ。

このような②③への展開を踏まえて、もういちど①を考えてみよう。オホクニヌシは国作りを成し遂げたのか否か。答えは自明である。そのためにオホクニヌシがしなければならなかったことは何だったか。それは、海からやってきた神を、倭の青垣山の上に祀ることであった。国作り全体の流れからすれば、オホクニヌシは言われた通りにその神を祀り、そして国作りを成し遂げたとしか読めないのである。ところが、その神を祀ったという明確な記述がないのだ。①の最後の一文「此は御諸山《みもろやま》の上《へ》に坐《ま》す神なり」は「本文注」であって、「これはいま御諸山（三輪山のこと）に鎮座している神である」という説明である。その神がいつ、どのように鎮座するに至ったかを特定してはいないのである。

参考までに、日本書紀を見てみよう。

（日本書紀、第八段一書第六）一書《あるふみ》に曰《い》はく、大国主神、亦《また》の名《な》は大物主神《おほものぬしのかみ》、亦は国作大己《くにつくりのおほな》貴命《むちのみこと》と号《まを》す。亦は葦原醜男《あしはらしこを》と曰《まを》す。亦は八千矛神《やちほこのかみ》と曰《まを》す。亦は大国玉神《おほくにたまのかみ》と曰《まを》す。亦は顕《うつし》国玉神《くにたまのかみ》と曰《まを》す。……（中略）……時に、神《あや》しき光《ひかり》海《うな》に照《てら》して、忽然《たちまち》に浮《うか》び来《く》る者有《ものあ》り。曰《い》はく「如《も》し吾在《われあ》らずは、汝何《いましいかに》ぞ能《よ》く此の国を平《む》けましや。吾が在《あ》るに由《よ》りての故《ゆゑ》に、汝《いまし》其の大きに造《つく》る績《いたはり》を建《た》つこと得《え》たり（私がいたからこそ国作りの功績を上げることができたのだ）」といふ。是《こ》の時に、大己貴神《おほなむちのかみ》問ひて曰《のたま》はく、「然《しか》らば汝《いまし》は是誰《これたれ》ぞ」とのたまふ。対《こた》へて曰《い》はく、「吾《われ》は是汝《これいまし》が幸魂《さきみたま》・奇魂《くしみたま》なり」といふ。大己貴神の曰《のたま》はく、「唯然《しか》なり。廼《すなは》ち知りぬ、汝《いまし》は是吾《これわ》が幸魂《さきみたま》・奇魂《くしみたま》なり。今何処《いづこ》にか住《す》まむと欲《おも》ふ」とのたまふ。対《こた》へて曰《い》はく、「吾は日本国《やまとのくに》の三諸山《みもろやま》に住まむと欲《おも》ふ」といふ。故《かれ》、即《すなは》ち宮を彼処《かしこ》に営《つく》りて、就《ゆ》きて居《ま》しまさしむ。此《これ》、大三輪《おほみわ》の神なり。

海からやって来た神とオホクニヌシとの関係も気になるところだが、それは後に述べることにする。さて、例の祭祀のことであるが、オホクニヌシがその神の希望通りに三諸山《みもろやま》に祀ったことを明瞭に記しているのだ。この時点で、その神は三諸山に到り、そこに鎮座しているのである。どうして古事記はこのことを書かないのか。完成度の高い古事記だからこそ、これを単なる不手際として片付けることができないのである。

†大和王権とオホモノヌシ

さて、御諸山の神は、古事記中巻の神武記および崇神《すじん》記にオホモノヌシという名で登場する。まず神武記であるが、神武は「倭」に至って、史上初めて「天の下」を統治した直後、皇后とすべき女性を求めた。その時に候補として浮上したのがオホモノヌシの娘であった。神武はその娘を皇后に据え、二人の間に第二代の綏靖《すいぜい》天皇が誕生した。古事記における神武の役割は、カムヤマトイハレビコという名が示すように、王権と倭とを密接に結び付けることであって、そのために御諸山の神の血を皇統に取り入れることが必要だったのだ。

次に崇神記である。オホモノヌシは、人民が死に尽きるほどに疫病を大流行させた上で、天皇に「オホタタネコに自分を祭らせよ」と夢を通して要求してくる。この話は、もともと大和王権にとって祭祀対象外であったモノ（本来カミではない）をカミとして祭祀することに成功し、天皇が全国の祭祀権を統一したことを説いている（詳しくは終章にて）。

古事記としては、これらの点において、オホクニヌシと天皇との差異化を図る必要があったのだろう。再びオホクニヌシの〈神話〉を確認してみよう。

†大国主とオホモノヌシ

オホクニヌシの〈神話〉については第2章で詳細に論じたところである。ここではごく簡単にあらすじを紹介しておこう。

オホクニヌシは、スサノヲの直系の子孫である。ただ、初めからオホクニヌシ（大国主神＝偉大なる国の主の神）であったわけではなく、オホナムチなどと呼ばれていた時代があった。彼は、スサノヲの娘であるスセリビメと結婚し、さらにスサノヲが課した数々の試練を克服して成長してゆく。力を得たオホナムチに対して、スサノヲが四つの指令を出し、オホナムチはそれを全うすることでオホクニヌシになってゆくのである。

ただ、オホクニヌシにはどうしても手の届かない世界があった。それが「倭《やまと》」である。スサノヲの指令には、「自分の娘であるスセリビメを正妻にせよ」という内容が含まれていたのだが、オホクニヌシがその指令に応えた結果、スセリビメは正妻という立場において「嫉妬」するようになったのだ。その「嫉妬」の結果、オホクニヌシは「倭に上《のぼ》る」ことをあきらめたのである。オホクニヌシとは言いながら、実のところ、完全な国の主にはなりきれていなかったのだ。国作りの場面で、オホクニヌシが「私ひとりで、どうやって国作りをしようか……」と憂えていたのもそのためなのである。

実はこの「倭」こそ、地上に復元された「高天原」の聖地であり、後に神武が到達し、史上初めて「天の下」を統治する舞台なのである。だから「天の下」の頂点である「天」=「倭」の支配権だけは、オホクニヌシに握らせるわけにいかなかった。そもそもオホクニヌシは、「高天原」を追放されたスサノヲの子孫なのであるから。国作り条において、倭の青垣山での祭祀が明記されていないのは、オホクニヌシの力を「倭」にだけは及ばせないためであろう。

参考として掲げた日本書紀の一書では、三諸山の神となるオホモノヌシが、オホクニヌシの「亦の名」になっていて、それが海の彼方から「我は汝（オホクニヌシ）の幸魂・奇魂だ」と言ってやってきた。オホクニヌシもそれを認め、その神に言われたとおり、それを倭に祭祀したのである。神の「魂《みたま》」とは何か。明確に意味づけるのは簡単ではないのだが、あえて一言で言うならば、それぞれの神が持つ多様な性格の一つ一つとでも言うべきだろうか。つまり、ひとりの神にも複数の魂があるのだ。有名なところでいえば、或る神の猛々しい性格を「荒魂《あらみたま》」と呼び、逆に穏やかな側面は「和魂《にきみたま》」ということなどが挙げられよう。「幸魂《さきみたま》」とは幸《さち》をもたらす魂、「奇魂《くしみたま》」とは霊威ある魂という程度の意味で、それはあくまでもオホクニヌシの持つ神格の一つだというわけだ。これが希望する通りに、倭に祭祀したということは、結局のところ、オホクニヌシ自身が倭に鎮座したことと同じである。

さて、古事記はどうであったか。オホクニヌシと海からやって来た神とは、あくまで別神であった。そしてその神の鎮座については、「今は御諸山に鎮座している」という結果しか示されていないのである。これはなぜか。やはり倭とオホクニヌシとの関わりを認めないという、古事記独自の〈オホクニヌシ神話〉の構想によるのであろう。

†「傷」は意図的に作られた?

まとめておこう。古事記はオホクニヌシが「倭」での祭祀に失敗したとも、実行したとも明記しない。その上で、大年神《おほとしのかみ》の繁栄、葦原水穂国《あしはらのみづほのくに》の完成へと文脈が展開するのであるから、国作りの文脈において祭祀は行われたと理解する方が自然であると思う。

しかし、いっぽうでオホクニヌシの「倭」への関与を否定し、天皇との差異化を図る必要があった。「倭」に「上」ることが出来た天皇と出来なかったオホクニヌシ。オホモノヌシと血族関係を持ち、オホモノヌシの祭祀をした天皇と、オホモノヌシとはあくまで別神であり、その祭祀をしなかった（かもしれない）オホクニヌシ。

葦原中国の全体を作り上げながら、「倭」への関与だけはできないという、いわば相反する事柄を二つとも何となく通すために、日本書紀のような明記が避けられているのではないか。いずれ皇祖に国譲りをすることのできる責任者として、国を確かに支配していながら、自ら完全なる統治者にはなれないという制限付きのオホクニヌシを古事記は造形した。そのような高度な構想によって、意図的に作られた文脈上の「傷」であると考えたい。

†「常識」で読む古事記の〈神話〉――〈記紀神話〉論のために

以上のように、古事記〈神話〉には、文脈が通りにくい部分、切れ目のような箇所があり、それは時として意図的な省略であったと考えている。「完成度の高い」古事記だからこそ気になるところであるが、実は「完成度の高い」古事記だからこそ書けない部分だったということなのだ。その意味では、苦肉の策の「誤魔化し」だと言ってもよいだろう。

ただ、その切れ目は、あまり目立たないかもしれない。日本書紀の〈神話〉を知る者ほど、その切れ目に気付かないのではないか。古事記〈神話〉の切れ目に、日本書紀のような内容が入ることによって、文脈はスムーズに流れてゆくのだ。古事記を読みながら、曖昧に感じたところを、日本書紀の知識を使って「勝手に」つなげて読んでしまうからである。

もちろん古事記・日本書紀の諸伝は、あくまで別のものであって、互いに相容れないところを持っている。同じでないからこそ諸伝があるのだ。ただ、それらが基本的に〈建国神話〉の一定の振り幅のうちにあることも事実である。「奇抜」なほど個性を持った〈神話〉などあり得ないからだ。

古事記は意図的に書かなかった部分の補塡を、日本書紀に記載されるような別の〈神話〉に任せているのではないだろうか。自身の構想に合わないから書けないが、かといって積極的に否定もしていない。〈建国神話〉の常識の範囲で、何となくつなげて読んでほしい、ということもあったのではないか。古事記を読みながら、「オホクニヌシはちゃんと御諸山に神を祭ったのか」と疑問が生じた時、「そういえば祭ったという話を聞いたことがある」という感じに読むのが、古事記〈神話〉が読み手に期待する読み方だったのではないだろうか。

†スサノヲの「妣」

さて、次の文をどう解釈したらよいだろうか。ともにスサノヲの発言である。

「僕《あ》は妣《はは》の国根《くにね》の堅州国《かたすくに》に罷《まか》らむと欲《おも》ふが故《ゆゑ》に、哭《な》くなり」

「吾《あ》は天照大御神のいろせなり」

「妣《はは》」は『礼記《らいき》』などによって亡き母を意味する漢字であることが分かるが、スサノヲの亡き母とはいったい誰なのか。また「いろせ」はふつう「同母弟」を意味するが、アマテラス・スサノヲの共通の母とはいったい誰なのか。

古事記では、両神ともにイザナキの禊《みそ》ぎによって化生《けしょう》した神であり、母親は存在しない。だから、これを普通の意味での亡き母だとすると、ここで、スサノヲ誕生からの文脈が切れてしまう。だから、古事記をあくまで合理的に解釈する立場からは、「妣の国」とは母なる大地という意味ではないかとか、「いろせ」とは実の弟という程度の意味であろうというような解釈がなされてきたが、用語例からはかなり苦しい。

また「妣」をイザナミとする説もある。スサノヲひとり黄泉国の穢れから化生したとか、禊ぎの際に鼻から生まれたスサノヲには目から生まれたアマテラス・ツクヨミ以上にイザナミの穢れが残っていたなどとも説かれている。これも古事記を合理的に読み解こうとする立場にたった意見であるが、スサノヲらの誕生以前に穢れは払われているし、スサノヲのみならずアマテラスをも巻き込んだ「同母」について説明ができていない。また「観念的」にはイザナミを母としていたとする説もある。「観念的」というのも曖昧に過ぎるだろう。では、どう理解したらよいのか。

日本書紀の第五段主文において、日の神であるオホヒルメノムチ（亦の名アマテラス）やスサノヲは、イザナキ・イザナミ夫婦の子として誕生している。このような伝承も〈建国神話〉としてあり得たわけである。本書で提言するような古事記〈神話〉の読み方が正しいとするならば、古事記〈神話〉のこの切れ目は、常識的な〈建国神話〉の流れに乗って、「スサノヲの母といえばイザナミだったような気がする」という程度につないでしまえばよいことになる。だから、「古事記としては齟齬が生じるが、アマテラスやスサノヲをイザナキ・イザナミの子とする伝承があり、ここはその伝承に乗ったもの」という注釈もあり得ると思うのだ。いずれにしても、ここの注釈は、古事記〈神話〉に対する、注釈者それぞれの立場が鮮明に出るところなのであって、注釈書に当たる時にまず注目すべき箇所の一つである。

†古事記〈神話〉の読み方

古事記〈神話〉の編纂当時、いま日本書紀に一書として記されているような、〈建国神話〉

図4　〈建国神話〉の流れの中の古事記の〈神話〉

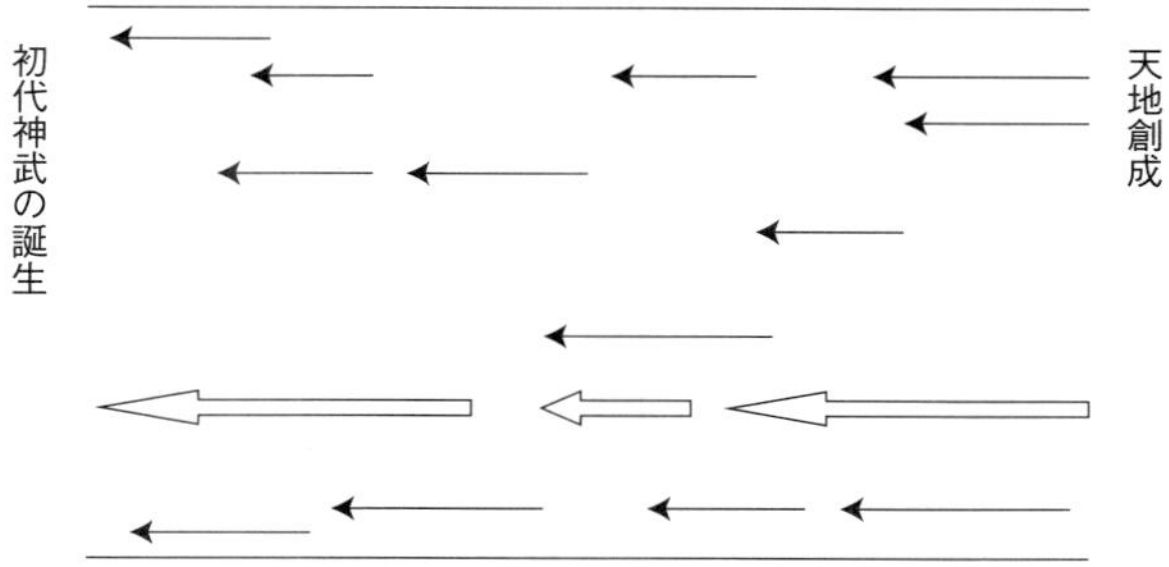

注 ←…日本書紀一書群のような〈神話〉
⇦…古事記〈神話〉の文脈。切れ目は〈建国神話〉の常識という全体の流れによってつながれる。

の多くの異伝があった。このことに間違いはないだろう。そしてそれらは、天地創成から初代神武の誕生まで、一定の幅をもった〈建国神話〉の大きな流れを作っていたであろう。古事記が一本の新しい〈神話〉を作る時、あるいは日本書紀が一つの主文を定める時も、その常識的な流れから逸脱するようなことはできなかったはずである。そんな「奇抜」な創り物は、「神話力」を持たないはずだから。その〈建国神話〉の流れの幅に拘束されながら、その代償として「神話力」を維持し、そこに独自の〈神話〉を一筋流してゆくしかなかった。この仮説をイメージ化すると図4のようになる。

独自の主張にとっては、必ずしも通る必要のない〈建国神話〉の流域があったかもしれないが、そこを迂回するわけにはいかなかった。だから、必ず皇祖は日向に降臨する。

独自の文脈展開の上からは、明記しにくい切れ目があったが、そこは〈建国神話〉の流れにまかせて、常識の範囲で読み進めてしまえばよい。そういう仕組みを古事記の〈神話〉は持っていたように思うのだ。

古事記の〈神話〉は〈建国神話〉の常識を前提としながら、ぎりぎりのところで、独立した神代の〈歴史〉たりえているということなのである。〈建国神話〉の常識の範囲とは、今となっては、古事記や日本書紀の諸伝が形成する〈記紀神話〉の世界をおいて他にない。かつての無批判な「記紀神話」ではなく、改めて自覚的に〈記紀神話〉の世界を眺め、その上で、古事記〈神話〉を一つの「作品」として読むことの有効性を主張したいのである。背景としての〈記紀神話〉の上にこそ、古事記の〈神話テキスト〉があると考えたいのである。

第6章

日本書紀の〈神話〉をどう読むか——主文と一書が作る神代

1　問題のありか

†一書とは何か

日本書紀（全三十巻）では、その巻一・巻二が、神代巻《しんだいかん》と呼ばれる〈神話〉に当たる。古事記の〈神話〉が上巻一巻であるのに比べれば、おおむね倍の量を費やして〈建国神話〉を記載していることになる。それは、なぜだろうか。

日本書紀の神代巻には、「一書《あるふみ》に曰《いは》く」として多くの一書《いっしょ》（異伝）が掲載されているからである。形式上はこのように簡潔に説明できるのだが、では何故に多くの一書を掲載したのかという問題になると一筋縄ではいかない。

一書の成り立ちや性格については、これまでもいくつかの説が提出されてきた（研究史は明石一紀「書紀一書」『古代文学講座10　古事記日本書紀風土記』勉誠社、等参照）。一書を神代紀編纂の過程における稿本とする説もある（山田英雄『万葉集覚書』岩波書店）が、古事記・日本書紀が編纂される以前に存在し、それらの資料となった何系統かの〈建国神話〉の断片であるという見方が一般的である。

いずれにしても、すべての一書が大和王権の〈建国神話〉の枠内にあることは間違いない。かりに特定の氏族の思惑や、地方色が加えられているにせよ、そのことに変わりはない。そして、多くの一書を前にして日本書紀が編纂されたことも疑いようがない。

日本書紀は、天地創成から初代神武の誕生に至る〈建国神話〉を、全部で十一の段に分けて、段ごとにまず主文（一般的には「本文」「正伝」「本書」などと呼ばれる）を記し、その後に、複数の異伝「一書」を掲載する。それが終わると、次の段の主文、そして複数の一書、また次の段の主文、複数の一書という順序で全体を構成しているのである。

一書の数は、段ごとに異なり、最も多い段は第一から第十一まで合計十一もの一書を持っている。段によって一書の数がまちまちであることからも分かるように、一書はあくまでもその段の主文に対する異伝であって、たとえば第五段の一書第一が、第六段の一書第一につながるわけではない。

さて、たくさんの一書を含んだこの日本書紀の神代巻をどう読むべきか。それは極めて難しい問題である。当たり前だが、複数の一書はみな異なる内容を持っている。それらをすべて合せて全体の文脈をたどることなど、常識的に考えても不可能である。

それならば、一書を捨てて、主文だけを読めばよいという考えもあるだろう。しかし、それで日本書紀を読んだことになるのだろうか。また、一書がなければ主文の脈絡がつながらないところがあるとしたら（現にあるのだが）、無視してよいわけがない。必要な一書だけ読むことにして、あとは見なかったことにするという勝手が、読者に許されるはずもないだろう。そもそも必要か否かを判断するためには、主文と一書の全てを読まなければならない。そうだとしたら、日本書紀は読者に対して、全てを読むように求めているということになるだろう。

日本書紀神代巻の読み方については、本格的な議論が始まったばかりという状況であるが、筆者独自の提言を試みたいと思っている。

†一書の体裁

「一書」とは、他の古代文献でもたびたび用いられている語である。たいがいアルフミと読まれ、ある作品・文書の作者や編者、あるいは校注者らの前に存在した別の一文献を指している。本文に対する注として、一書が引用されている場合も多い。日本書紀の一書も、主文に対する注として扱われていたことがあった（『日本書紀私記』）。一書がもともとは小書き双行の、いわば割注のような体裁であったことも、四天王寺本・佐佐木本・鴨脚本《いちょうぼん》などの「古本系」と呼ばれる伝本によって確認されている。もう一つの系統である「卜部系《うらべ》」の諸本は、主文と同じ大きさの文字を使い、一字下げで一書を掲載しているが、この体裁が卜部家による意図的な改変によることが明らかになっている（吉田兼倶《かねとも》『日本書紀神代巻抄』）。「古本系」の鴨脚本と、「卜部系」の吉田本を写真で示しておく（図5・6）。「古本系」が伝える原型の方が、主文と一書との間の格差がより大きいという印象を受けるだろう。

このような一書の体裁からして、日本書紀〈神話〉の通釈は、あくまで各段の主文をつないでなされるべきとの意見もある（神野志『古事記と日本書紀』講談社現代新書）。一書が段を越えてつながらない（本来的にはつながっていたものがあったにせよ、そう読むような構成にはなっていない）のであるから、基本的には主文をつなげて、文脈を追うしか手がないことは事実である。

ただ、ある本文に注がついている場合、注をも合せて本書が構成されているのであるから、その全体をテキストと見なければならないようにも思うのだ。一書を持たない日本書紀神代巻の伝本など存在しないのであるから、注とは言っても、編者自身が付した、いわば本文注なのである。

図５　鴨脚本（國學院大學蔵）

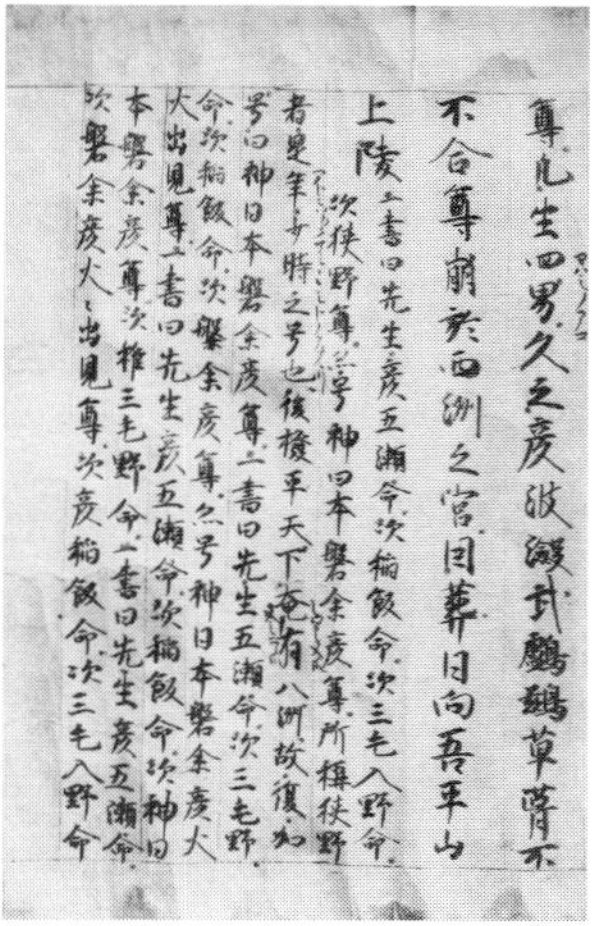

図６　吉田本（卜部兼方筆、京都国立博物館蔵）

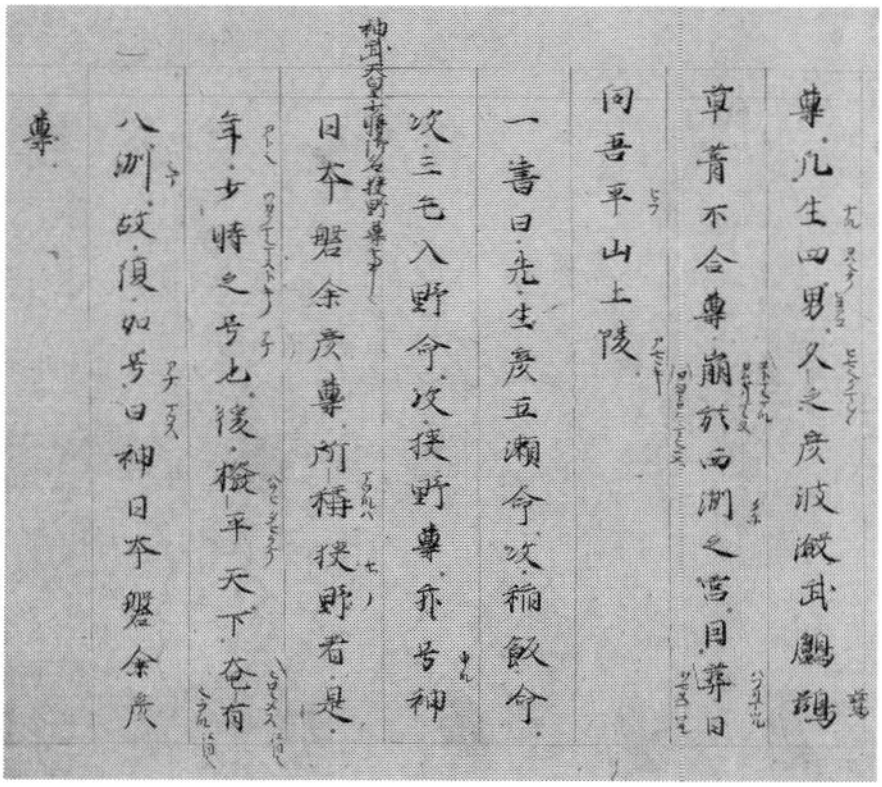

†主文と一書は両立しない

言うまでもないが、一つの段の主文と一書群の内容が、すべて同時に成り立つことはあり得ない。一書は多く主文の内容に抵触しているからである。たとえば、第五段は、日の神であるオホヒルメ（別名アマテラス）やスサノヲの誕生を説く段であるが、

主文…イザナキ・イザナミ夫婦の子供としてそれらが誕生した。

一書第一…イザナキひとりが白銅鏡《ますみのかがみ》を左手に持った時にオホヒルメが、首を回して振り向いた瞬間にスサノヲが誕生した。

一書第六…イザナキが日向で禊ぎをした際に、それらが化生《けしよう》した。（古事記と同様）

とまちまちの伝承を持ち、同時に容認できるはずもないのだ。いったいアマテラスはどうやって生まれたと言いたいのか。ことは皇祖の誕生に関わる重大事なのである。

そもそも異伝を列記すること自体、主文の絶対性を損なうことである。だから、一書の列記は、〈神話〉重視の態度によるものではなく、むしろ〈神話〉を骨抜きにし、正史の体裁を整えるための手段であったとする（金井清一「神話と歴史」『国語と国文学』六七―五）のも一見識

である。ただ〈神話〉の骨抜きが目的ならば、主文を定め、それを一書群より格上の位置に据える必要があっただろうか。

†〈神話〉であることの意味

繰り返し述べてきたように、なぜ史書である古事記と日本書紀が、大和王権国家の〈歴史〉を〈神話〉時代から書き起したのかを考えなければならない。王権国家の〈歴史〉ならば、「初代神武が初めて天下を統一した」から書き始めてもよかったようにも思うし、我々現代人にとってはむしろその方が説得されやすい。その前に長い神代の〈歴史〉を描いたことには、かならず深い意味があったはずだ。

神話とは本来、人の生死までをも決定づけ、また社会に対する規制力を持って信仰・伝承され、村落共同体を形成・維持していたのである。だから、神話という型を借りることで、その「神話力」を頼りにして、王権国家の由来と正当性を説く。これこそが、古事記や日本書紀が〈歴史〉の冒頭に神代を置いた理由ではないだろうか。そのように考えることで、古事記や日本書紀の〈神話〉が、皇室ゆかりの神々のほか、出雲や日向など異なる神話圏の神々を巻き込んで形成されていることの理由も理解することができるだろう。「神話力」とは、民間の神話や既存の〈神話〉に拘束される代償として、はじめて維持されるものだからである。

さて、〈建国神話〉の伝承群が、日本書紀の編者の前に存在したことは事実であろう。編者は、それらをどう扱って「神話力」を維持し、どのように新しい〈神話〉を作り上げていったのか。そこを問いたいのだ。

平城京に遷都され、新時代が幕を明けた。中国や朝鮮半島からは最先端の技術や制度が次々に舶来し、新しい価値観が猛烈な速度で列島を覆っていこうとしていた。そういう時代の趨勢の中で、日本書紀は、中国にも通用するような漢文の正史であることを目指して編纂された。そんな正史にまでも〈神話〉があるのだ。ことは、そのような大きな問題にまで及んでいる。

†問題点の整理

さて、次節からいよいよ日本書紀の神代巻を読み進めていこうと思うが、ここで一度、主文と一書に関する問題を整理しておこう。

① 段によって数の違う一書を、段を超えてつなげる読みは求められていない。日本書紀〈神話〉の文脈は、定められた各段の主文を核にすることでしかたどれない。

② 一書の情報が主文を理解する上で必要不可欠な場合がある。（この点は後に指摘する）

③ 多くの一書は主文の内容に抵触する。

一見してお分かりの通り、相反する②と③をどのように両立させながら、①、②、③の形で成り立っている日本書紀神代巻の読み方を定めるかが鍵である。

2 貫徹しない国作りの理念

†イザナキとイザナミ――「陰陽神」か「天の神」か?

まず、第一段から第四段、第五段、第六段の、主文の展開と一書群との関係を考える。

【第一段主文】

古《いにしへ》に天地《あめつち》未《いま》だ剖《わか》れず、陰陽《めを》分れざりしとき、渾沌《まろか》れたること鶏子《とりのこ》の如《ごと》くして（鶏の卵のように混沌として）、溟涬《ほのか》にして牙《きざし》を含《ふ》めり（ほの暗い中に何かの兆しがあった）。其《そ》れ清陽《すみあきらか》なるものは、薄靡《たなび》きて天《あめ》と為《な》り（澄んで明るい気《き》はたなびいて天となり）、重濁《おもくにご》れるものは、淹滞《つつ》ゐて地《つち》と為《な》るに及《およ》びて（重く濁った気は沈み留まって地になるに及んで）、精妙《くはしくたへ》なるが合《あ》へるは摶《むらが》り易《やす》く（澄んで明るい気は丸くまとまりやすく）、重濁《おもくにご》れるが凝《こ》りたるは竭《かたま》り難《がた》し（重く濁った気は固まりにくかった）。故《かれ》、天《あめ》先づ成りて地後《つちのち》に定《さだま》る（だから、天が最初に成り、地が後に定まったのだ）。

然《しか》して後に、神聖《かみ》、其の中に生《あ》れます。故《かれ》、曰《いは》く、開闢《あめつちひら》くる初《はじめ》に、洲壌《くにつち》の浮《うか》れ漂《ただよ》へること、譬《たと》へば游魚《あそぶいを》の水上《みづのうへ》に浮けるが猶《ごと》し。

時に、[1]天地《あめつち》の中に一物《ひとつのもの》生れり。状《かたち》、葦牙《あしかび》（葦の芽）の如《ごと》し。便《すなは》ち神と化為《な》る。国常立尊《くにのとこたちのみこと》と号《まを》す。至りて貴きをば尊《そん》と曰《い》ふ。自余《これよりあまり》をば命《めい》と曰ふ。並《ならび》に美挙等《みこと》と訓《い》ふ。下《しも》皆此《みなこれ》に效《なら》へ（最も貴い神に「尊」号をつけ、それ以外には「命」号をつける。ともにミコトと読む。以下同じである）。次に国狭槌尊《くにのさつちのみこと》。次に豊斟渟尊《とよくむぬのみこと》。凡《すべ》て三《みはしら》の神ます。[2]乾道独化《あめのみちひとりな》す。所以《このゆゑ》に、此の[3]純男《をとこのかぎり》を成せり。

日本書紀の主文は、「陰陽二元論」（宇宙の万物は陰陽・天地・乾坤という二大要素からなっているという中国思想）に基づいて、天地創成から大八洲国《おほやしまぐに》の誕生を説いている（神野志『古事記の世界観』）。これが日本書紀の〈歴史〉における始発の原理である。この文章自体、二つの漢籍（『淮南子《えなんじ》』と『三五暦紀《さんごれきき》』）の文を切り接ぎしたものであって、原理から文章まで中国からの借り物なのである。だから、不備が見えるだろう。

たとえば、せっかく天地が分かれていながら、1「天地の中」という曖昧な場で、しかも国常立尊《くにのとこたちのみこと》など、むしろ地の側に属すると思われる「国」を名に負う神が誕生し、それでもなお2「乾道」（乾＝天）から3「純男」（男＝天）が生まれるなど、論理が徹底されていない。

おそらくは、伝統的なクニノトコタチの神の存在と、舶来の「陰陽二元論」とを無理に合わせたために生じた齟齬であるに違いない。クニノトコタチは、古事記・日本書紀の合計七つの天地創成伝承のうち、六伝承にまで登場し、そのうちの四伝承が最初に出現した神としていることから、造化神として根強い信仰を持っていたことが想像されるのである。第一段主文では、伝統と舶来と、二つの異なる思想が、不完全ながら融合されていると見てよいだろう。

続いて、第四段の主文を読んでみよう。

【第四段主文】

伊奘諾尊《いざなきのみこと》・伊奘冉尊《いざなみのみこと》、[4]天浮橋《あめのうきはし》の上に立たして、共《とも》に計《はか》ひて曰《のたま》はく、「底下《そこつした》に豈《あ》に国無《くにな》けむや（下界にはどうして国土がないのだろうか）」とのたまひて、廼《すなは》ち[5]天之《あめの》瓊《ぬ》（瓊は玉なり。此《こ》をば努《ぬ》と云ふ）矛《ほこ》を以《も》て、指《さ》し下《おろ》して探《かきさぐ》る。是《ここ》に滄溟《あをうなはら》を獲《え》き。

其の矛《ほこ》の鋒《さき》より滴瀝《しただ》る潮《しほ》、凝《こ》りて一《ひとつ》の嶋に成れり。名《なづ》けて磤馭慮嶋《おのごろしま》と曰《い》ふ。二《ふたはしら》の神、是《ここ》に、彼《そ》の嶋に降り居《ま》して、因《よ》りて共為夫婦《みとのまぐはひ》して、洲国《くにつち》を産生《う》まむとす。便《すなは》ち磤馭慮嶋《おのごろしま》を以《もち》て、国中《くになか》の柱《みはしら》（訓注略）として、[6]陽神《をかみ》は左より旋《めぐ》り、[7]陰神《めかみ》は右より旋る。国の柱《みはしら》を分《め》巡《ぐ》りて、同《ひと》しく一面《ひとつおもて》に会《あ》ひき（国の柱を分かれて廻り、ある場所で出くわした）。時に、陰神先《ま》づ唱《とな》へて曰《のたま》はく、「憙哉《あなうれしゑや》、可美少男《うましをとこ》に遇《あ》ひぬること（何と嬉しいことか、素敵な男性に出会ったことよ）」とのたまふ。（訓注略）陽神《をかみ》悦《よろこ》びずして曰《のたま》はく、「吾《われ》は是男子《これますらを》なり。理《ことわり》当《まさ》に先づ唱《とな》ふべし（男子である私が先に喜びの言葉を唱えるのが道理だ）。如何《いかに》ぞ婦人《たわやめ》にして、反《かへ》りて言先《ことさきだ》つや（なぜ婦人であるあなたが、道理に反して先に声をあげたのか）。事既《ことすで》に不祥《さがな》し（事態は全く不吉である）。以《もち》て改め旋《めぐ》るべし（だから廻りなおそう）」とのたまふ。
是に、二《ふたはしら》の神却《かへ》りて更《さら》に相遇《あ》ひたまひぬ。是《こ》の行《たび》は、陽神先づ唱へて曰《のたま》はく……（中略）……是《ここ》に、[8]陰陽《めを》始《はじ》めて遘合《みとのまぐはひ》して夫婦《をうとめ》と為《な》る（陰神と陽神が初めて夫婦となった）。

第四段はイザナキ・イザナミが夫婦となって日本列島「大八洲国《おほやしまぐに》」を生む段である。二神は、「陽」と「陰」の二つの気が体現した6「陽神」7「陰神」である。二神は、夫唱婦随《ふしょうふずい》の儒教的な規則のもとで、8「陰陽《めを》始《はじ》めて遘合《みとのまぐはひ》」して大八洲国を生んだという。このように第一段主文から続く「陰陽二元論」によって、国土の誕生が説かれているのである。

ところで、この主文にどこか気になるところはないだろうか。それに気付くのは、あまり簡単ではないかもしれない。なぜかと言えば、気付かないような〈建国神話〉の仕組みがあるからなのだ。では何点か指摘してみよう。

第一段の主文の中では、イザナキ・イザナミ二神の誕生した場所は、天地創成の直後の1「天地《あめつち》の中《なか》」という実に曖昧なところであったはずだ。ところが、第四段では、二神は4「天《あめの》浮橋《うきはし》」に立って、眼下の世界を見下ろしている。天浮橋とは常識的にどこに架かる橋であったか。古事記において、天つ神の指令を受けたイザナキ・イザナミが、高天原からオノゴロ島に天降る時や、天孫降臨の際に架かる橋なのである。古事記のイザナキ・イザナミは高天原に誕生したと読むことができるのだが、日本書紀第一段の主文ではそうなっていないし、そもそも主文には、高天原のような天上界などいまだどこにも存在していないではないか。

また、5「天之瓊矛《あめのぬぼこ》」が何であるかも説明がない。説明がないということは、これも常識で理解するしか方法がない。古事記では天つ神から二神に授けられるものであって、おそらく「天」の力を負った特別な矛であると思われる。ここでは二神が自らの意思でそれを持つことになっている。二神は、陰陽二気が体現した神として、「陰陽二元論」に基づいて自ら国生みをするのであるから、誰からも指図を受けるべき存在ではない。だから自らの意思で持つことは当然なのであるが、それならば、なぜ二神が「天」を担っているのだろうか。そのことの必然性がまったくないのである。4「天浮橋」に立つこと、5「天之瓊矛」を持つことは、古事記のような、天つ神が主導する国生みの〈神話〉にこそ相応しいのだ。イザナキ・イザナミが高天原に生まれ、天つ神の指示のもとで国生みをするためにこそ必要なのだ。

つまりこの主文には、まったく異なる二つの原理（「陰陽二元論」と「天主導の国作り」）が混在していることになる。ただ、そのあたりの文脈上の不備、「傷」が、あまり目立つことはない。そこには、ある仕組みが用意されているからなのである。

†主文と一書の仕組み

陰陽の神が「天」を担うという主文の矛盾点を指摘したが、そこに不自然さを感じる人はあまりいないのではないだろうか。ここではその仕組みについて詳しく見てゆくことにする。

まず参考として、古事記と日本書紀の一書を掲げる。

イ〈古事記〉天地《あめつち》初めて発《ひら》けし時、高天原《たかまのはら》に成《な》れる神の名は、天之《あめの》御中主神《みなかぬしのかみ》、次に高御《たかみ》産《む》巣《す》日神《ひのかみ》。次に神産《かみむ》巣《す》日神《ひのかみ》……

上《かみ》の件《くだり》の五柱《いつはしら》の神は、別天《ことあま》つ神《かみ》。……

是《ここ》に天《あま》つ神《かみ》諸《もろもろ》の命《みこと》以ちて（別天つ神一同のお言葉で）、伊邪那岐命《いざなきのみこと》、伊邪那美命《いざなみのみこと》、二柱《ふたはしら》の神に、「是《こ》のただよへる国を修理《つく》り固《かた》成めよ（漂うばかりの国を完全なものに整え、かためなさい）」と詔《の》りて、天《あめ》の沼矛《ぬぼこ》を賜《たま》ひて、言依《ことよ》さし賜ひき（委任なさった）。故《かれ》、二柱の神、天《あめ》の浮橋《うきはし》に立たし……

古事記では天地開闢《かいびやく》の直後に高天原が存在し、そこで最初に成った「別天《ことあま》つ神《かみ》」の指令によって国作りが開始される。イザナキ・イザナミは天つ神から授かった「天のヌボコ」を「天の浮橋」からさし下してオノゴロ島を作ることになる。

次に日本書紀の一書を見てみよう。

ロ〈第四段一書第一〉 一書《あるふみ》に曰《いは》く、天神《あまつかみ》、伊奘諾尊《いざなきのみこと》・伊奘冉尊《いざなみのみこと》に謂《かた》りて曰《のたま》はく、「豊葦原《とよあしはら》の千《ち》五百《いほ》秋《あき》の瑞穂《みづほ》の地《くに》有り。汝《いまし》往《ゆ》きて脩《しら》すべし（統治しなさい）」とのたまひて、廼《すなは》ち天瓊戈《あめのぬぼこ》を賜《たま》ふ。是《ここ》に、二《ふたはしら》の神、天上浮橋《あめのうきはし》に立たして、戈《ほこ》を投《さしおろ》して地《くに》を求《もと》む。

この一書では、古事記と同様に、二神は天つ神の指令を受けて国作りを開始する。「天のヌボコ」「天の浮橋」の存在を自然なものとして読むことができる。

ハ〈同一書第三〉一書に曰く、伊奘諾《いざなき》・伊奘冉《いざなみ》、二《ふたはしら》の神、高天原《たかまのはら》に坐《ま》しまして曰《のたま》はく、「当《まさ》に国有らむや」とのたまひて、乃《すなは》ち天瓊矛《あめのぬぼこ》を以《も》て、磤馭慮嶋《おのごろじま》を画《かきさぐ》り成《な》す。

二〈第一段一書第四〉一書に曰く、天地初《あめつちはじ》めて判《わか》るるときに、始めて倶《とも》に生《なりい》づる神有《ま》す。国常立尊《くにのとこたちのみこと》と号《まう》す。次に国狭槌尊《くにのさつちのみこと》。（又曰《またいは》く、高天原《たかまのはら》に所生《あ》れます神の名《みな》を、天御中主《あめのみなかぬしの》尊《みこと》と曰《まを》す。次に高皇産霊尊《たかみむすひのみこと》。次に神皇産霊尊《かみむすひのみこと》。……）

ハでは、「高天原」という名の世界にイザナキ・イザナミがいて、二神はそこで「天のヌボコ」を持つとされている。ニの「又曰」以下では、古事記同様の天地創成を記している。さて、前掲の日本書紀第四段主文の「天浮橋」や「天之瓊矛」が何であるかは、イ・ロ・ハという古事記や日本書紀の一書に見られる〈建国神話〉の常識に照らせば、容易に理解することができるのである。それらが何であるかが分かったところで、主文の論理は通っていないのだが、少なくとも〈建国神話〉の常識に照らして、奇抜な物ではないと知ることはできるのだ。ロは、同じ段の第一の一書であるから、読者は主文を読んだすぐ後にこれを目にすることになる。そこには、「天つ神」の指令のもとでの国作りが記されているではないか。続いて、ハでは、イザナキ・イザナミが、「高天原」にいることが記されているのである。古事記を知り、日本書紀を一書を含めて読むことによって、理屈では通らない主文の筋書きを、「何となく自然に」読み通すことができてしまう。こんな仕組みが用意されているのである。

さらに日本書紀の内部でロやハを理解するためには、ニの情報が必要になるだろう。つまり

「高天原」はいつから存在し、「天つ神」とは何者か、ということである。ニは日本書紀における「高天原」の初出であるが、それは一書の中にある「又曰《またいはく》」の伝承、つまり異伝の中のそのまた異伝でしかない。一書内の異伝であるから、少なくともその一書冒頭の「天地初《あめつちはじ》めて判《わか》るときに」という一文を受けているのは間違いない。そうすると、「高天原」という天上界は、天地創成の直後にあったということになり、イとして掲げた古事記と同様の原理を持った伝承であったことが分かるのだ。そこに誕生した「高皇産霊尊《たかみむすひのみこと》」は後の段（第八段一書第六・第九段主文・同一書第二）では「天つ神」と呼ばれ、オホクニヌシの国作りや天孫降臨の司令神として活躍することになる。

このように一書を含めて日本書紀全体を眺め、時に古事記が伝えるような内容をも頭において読むことで、はじめて当段の主文でイザナキ・イザナミが「天」を担い「天」から降りてくることが理解できるのである。当段の主文では、「陰陽二元論」と、「天主導の国作り」の原理とが混在しているのだが、その違和感は〈建国神話〉の常識が解消してくれるのである。

†アマテラスの誕生――陰陽論から天主導の国作りへ

続いて、第五段主文を見てみよう。皇祖である日の神オホヒルメ（別名アマテラス）やスサノヲが誕生する段である。

【第五段主文】

既《すで》にして伊奘諾尊《いざなきのみこと》・伊奘冉尊《いざなみのみこと》、共《とも》に議《はか》りて曰《のたま》はく、「吾《われ》已《すで》に大八洲国《おほやしまくに》及び山川草木《やまかはくさき》を生めり。何《いか》ぞ9天下《あめのした》の主者《きみたるもの》を生まざらむ（天下の主を誕生させよう）」とのたまふ。是《ここ》に、共《とも》に日の神を生みまつります。大日孁貴《おほひるめのむち》と号《まを》す。（一書《あるふみ》に云《いは》く、天照大神《あまてらすおほみかみ》といふ。一書に云く、天照大日孁尊《あまてらすおほひるめのみこと》といふ）。此《こ》の子《みこ》、光華明彩《ひかりうるは》しくして、六合《くに》の内に照《て》り徹《とほ》る（輝く神であり、その光は世界全体を照らしている）。故《かれ》、二《ふたはしら》の神喜びて曰《のたま》はく、「吾が息《こ》多《さは》なりと雖《いへど》も、未《いま》だ若此《かく》霊《くしび》に異《あや》しき児《こ》有《あ》らず（これほど霊威の優れた子はいなかった）。久しく此の国に留めまつるべからず。自《おの》づから当《まさ》に早《すみやか》に10天《あめ》に送《おくりまつ》りて、授《さづ》くるに11天上《あめ》の事を以《も》てすべし（天上界の全てを任せよう）」とのたまふ。（中略）次に月の神を生みまつります（一書に云く、月弓尊《つくゆみのみこと》、月夜《つくよ》見尊《みのみこと》、月読尊《つくよみのみこと》といふ）。其の光彩《ひかりうるは》しきこと日に亜《つ》げり。以《もち》て日に配《なら》べて治《しら》すべし。故《かれ》、また天《あめ》に送りまつる。（以下、ヒルコ・スサノヲが生まれる）

イザナキ・イザナミは、山・川・草木などを生み、次に9「天下《あめのした》の主者《きみたるもの》」の誕生を目指す。まず「日の神」が誕生し、これがアマテラスとも呼ばれることが紹介されている。続いて「月の神」である。アマテラスやツクヨミという神名よりも、日の神・月の神が前面に出ているのは、「陰陽二元論」によって太陽・太陰の出現を説く文脈に相応しい。

ここでは、9「天下の主者」に注目したい。日本書紀の〈神話〉が、紛れもなく大和王権の〈建国神話〉である以上、「天下の主者」は皇祖であり、天皇であると決まっている。「天下の主者」がどう定まるかは、日本書紀〈神話〉の主題であるに相違ない。

それを定めるのが、イザナキとイザナミである。この二神は、少なくとも前段までは「陽神」「陰神」と呼ばれていた。つまり、日本書紀の主文は「陰陽二元論」こそが、大和王権成立の原理であると主張しているわけである。

ところが、どうも腑に落ちない文脈が展開するではないか。陰陽二神は、結果的に「天下の主者」を生んでいないし、天下の統治を誰かに託すわけでもない。イザナキ・イザナミは、自ら「天下の主者」を生もうとして、日の神アマテラスが生まれた。そして、日の神は「光華《ひかり》明彩《うるは》」しく、イザナキ・イザナミ自身も「これほど霊威の優れた子はいない」と絶賛している。さらに月の神を生み、日に次ぐ光を放っていたという。それなのに、なぜ日の神（太陽神）と月の神（太陰神）を「天下の主者」に指名して、「陰陽二元論」を徹底させないのか。なぜ、それらを10「天」に送り、11「天上」界の統治を命じるのか。

この後イザナキ・イザナミは、自らに課した「天下の主者」の誕生を二度と試みることなく、続く第六段主文に至って、イザナキは早々に隠去してしまうのだ。イザナキは神としての務めを立派に果たして隠れたことになっているが、実際のところ、自らに課した最大の課題が成し遂げられていないのである。この後、月の神も主文の中に二度と顔を出すことがない。つまり「陰陽」が揃うことは今後一切ないのだ。これをどう考えればよいのだろう。

日の神アマテラスが、ひとり天上界の主宰神となる。そして、その天の主宰神の子孫が天皇となって天下を統治する。それが〈建国神話〉の常識だったのではないだろうか。〈建国神話〉の諸伝、系統によって、日の神の呼称などに差異はあるものの、この常識に反するものはない。たとえば、柿本人麻呂《かきのもとひとまろ》の日並皇子《ひなみしのみこ》挽歌《ばんか》(『万葉集』巻二、一六七番)の〈神話〉など、古事記・日本書紀以外の〈建国神話〉さえもこの常識の範囲内にある。

こうした〈建国神話〉の理念は「天による統治の思想」に他ならない(戸谷高明『古代文学の天と日』新典社)。まず、「天」があり、その後に「天の下」が定まるのである。この常識の中で、日本書紀主文が「陰陽二元論」を貫くことには無理があったのではないだろうか。だから、陰陽二神は、まず「天」の主宰神を定めたのではないか。日本書紀主文では、この後、「天」主導の国作りが展開するのであって、「陰」の影などまったく見えなくなるのである。

第四段のところで指摘したとおり、主文の中で、陽神・陰神がいつの間にか「天」を担っていた。そのことは、主文に限れば実に不可解なことであったが、一書や古事記の情報に頼って、〈建国神話〉の常識として理解することができた。当段になって、「天」の存在感はぐっと上がったと言えるだろう。「天下の主者」を定めるという〈建国神話〉の主題にかかわって、陽神・陰神はまず「天」の主宰神を定めたのだ。「陰陽二元論」の原理は貫かれていないかもしれないが、陰陽の二気によって「天」の主宰神の正当性は保証された。つまり、主文における国作りの原理を、「陰陽二元論」から、「天主導の国作り」へと橋渡しをするのが陰陽神たるイザナキ・イザナミの役割だったのである。

それでは、日の神アマテラスが統治を命じられた「天」「天上」とはいったい何か。もちろん「天地創成」「天地開闢」という時の「天」のような、ただ物理的な存在をいうわけではないだろう。この後、アマテラスが活躍する天上界には、山があり、川があり、そこでは多くの神々が活動している。アマテラスはそこで田を営んでもいる。こんな世界、いつ出来たのか。主文では何の説明もなされていないのである。

そういえば、イザナキ・イザナミも何となく「天」にいて、何となく「天」を担っていたようだったが、その不可解さを和らげていたのが、一書や古事記の情報だった。ここでも、主文を理解するのに、前に掲げたハやニの情報が必要になってくるのである。あるいは、イから始まる古事記の〈神話〉を含めた、〈建国神話〉の常識として読めばよいのかもしれない。「高天原は一つの世界として天地創成直後から存在していた。確かにそんな〈神話〉も知っている。読んだ覚えもある」というふうに。

一書は、主文の内容にもちろん抵触する。主文と違うからこそ一書なのである。だからといって、我々読者はそれを無視してよいのだろうか。答えは否である。日本書紀の〈神話〉の全体を見通した時、ある段において主文の主張に反する一書を、たかが一書として片付けることはできないのである。その一書があったからこそ、後の主文に現れる新しい理念が説得力を持つこともあるのだ。こうして、主文は、一書群を背景としながら、王権国家の成立に向けて、国作りの複数の理念の間を渡り歩いてゆくのである。

3 〈建国神話〉の統合

†「日神系」と「天照系」

日本書紀の編纂以前には、「日神《ひのかみ》系」と「天照《あまてらす》系」という〈建国神話〉の二系統があって、それが日本書紀の主文・一書に形を留めていることが知られている（北川和秀「古事記上巻と日本書紀神代巻との関係」『文学』四八―五）。天上界の主宰神を、日神とするか、アマテラスとするかという違いなのだが、その違いが用字・用語の異同にも一致していることから、二系統の存在が証明されているのである。第五段から第七段までの諸伝が、どちらの系統に属しているか、明確なものだけ示しておく。

第五段　主文「日神系」　一書第六「天照系」　第十一「天照系」
第六段　主文「天照系」　一書第一「日神系」　第二「天照系」　第三「日神系」
第七段　主文「天照系」　一書第一「天照系」　第二「日神系」　第三「日神系」

第五段の主文は「日神系」である。日神の名は「大日孁貴《おほひるめのむち》」で、その注記の中に、アマテラスという別名が紹介されている。この注記には、「日神系」と「天照系」とを融合させようという意図を読み取ることができる。主文内の注記は、それ以後の主文・一書のすべてに対して効力を持つから、第五段主文の日神は第六段主文のアマテラスとして読むことができる。

主文はこの注記によって確かにつながる。ただ、そう言われても、さっきまで日神であったものが、突然アマテラスという名前で現れることには違和感が残るのではないか。この場合も一書の存在が、その違和感を解消させる仕組みとして働いているのだ。第五段の二つの一書には既にアマテラスが登場していて、それは主文でいう日神のことであった。だから、第六段の主文が突然に「天照系」となっても唐突感はあまりないのだ。

では、第五段まで主文に出ていた日神はどうなったのであろうか。日神は第六段で主文から唐突に消え、二度と主文には登場しない。ただし、一書の中では天上界の主宰神として、なおも存在し続けるのである。「日神＝アマテラス」との注記があったから、一書群の日神は、主文でいうアマテラスのことだと理解すればよい。これによって、主文から突然見えなくなる違和感も解消されるに違いない。

主文が「日神系」と「天照系」とをつないで構成されていることは明らかだが、一書の存在はそのことによる主文の違和感を解消しているのである。言い方を換えれば、〈建国神話〉の常識において、天上界の主宰神は、アマテラスでもあったし、日神でもあったわけで、何となくそれらを同じ神だと理解して、主文を読めばよいということなのである。一書群の存在が、正にその常識の範囲を示していて、その常識の上にこそ主文が文脈を通しているわけなのだ。

†突然出現した高天原

続いて第六段の主文である。前の段で、イザナキ・イザナミから根の国行きを命じられたスサノヲが、高天原のアマテラスのもとを訪れる段である。

【第六段主文】

是《ここ》に、素戔嗚尊《すさのをのみこと》、請《まを》して曰《まを》さく、「吾《やつかれ》、今教《みことのり》を奉《うけたまは》りて、根国《ねのくに》に就《まか》りなむとす。故《かれ》、暫《しばら》く12高天原《たかまのはら》に向《まう》でて、姉《なねのみこと》と相見《あひまみ》えて、後に永《ひたぶる》に退《まか》りなむと欲《おも》ふ」とまをす。「許す」と勅《のたま》ふ。乃《すなは》ち天《あめ》に昇《のぼ》り詣《まう》づ。

是の後に、伊奘諾尊《いざなきのみこと》、神功《かむこと》既に畢《を》へたまひて、霊運当遷《あつし》れたまふ（神としての仕事を成し遂げられ、霊魂が幽界に去られようとしている）。是《ここ》を以て、幽宮《かくれみや》を淡路《あはぢ》の洲《くに》に構《つく》りて、寂然《しづか》に長く隠れましき。13亦曰《またいは》く、伊奘諾尊、功既《ことすで》に至《いた》りぬ。徳《いきほひ》亦大きなり。是に、14天に登りまして報命《かへりことまを》したまふ。仍《よ》りて日《ひ》の少宮《わかみや》に留《とどま》り宅《す》みましきといふ（訓注略）。

始め、素戔嗚尊、天に昇ります時に、溟渤以《おほきうみも》て鼓《とどろ》き盪《ただよ》ひ、山岳為《やまをかため》に鳴り呴《ほ》えき（大海は轟き、山も唸り声をあげている）。此則《これすなは》ち、神性雄健《かむさがたけ》きが然《しか》らしむるなり（スサノヲの勇猛な神性のせいである）。天照大神《あまてらすおほみかみ》、素《もと》より其の神の暴《あら》く悪《あ》しきことを知《しろ》しめして……

注：12の「高天原」は吉田本（卜部兼方筆《うらべかねかた》）では「高天」二字になっているが、他の諸本が「高天原」を本文としているのに従っておく。なお吉田本の「高天」にもタカマノハラと付訓がある。

主文ではこの段から「天照系」となること、前に述べた通りである。この段も、注意深く読むと、主文の文脈における「傷」が見えてくる。まず、12「高天原」とは、いったいどんな世界なのであろうか。実は、ここが主文における初出なのである。

ただ、そのことは例の仕組みによって、なかなか気付かないようになっているのだ。「高天原」という世界は、前出のイ（古事記、一八〇頁参照）やニ（日本書紀第一段一書第四、一八二頁参照）の情報によって、天地創成の直後から天に存在する世界であることが分かっていた。また、ハ（同第四段一書第三、一八一頁参照）では、イザナキ・イザナミがいる世界であった。

さて、アマテラスはいつから12「高天原」と関わりを持ったのだろうか。前段の主文で、日の神が昇ったのは10「天」であり、イザナキ・イザナミから委任されたのは11「天上の事」であったのだが、第六段の主文としては、それが唐突に12「高天原」のことになっている。ここにも、一書の情報が欠かせない。

ホ〈第五段一書第六〉……已《すで》にして伊奘諾尊《いざなきのみこと》、三《みはしら》の子《みこ》に勅任《ことよさ》して曰《のたま》はく、「天照大神《あまてらすおほみかみ》は、以《も》て高天原《たかまのはら》を治《しら》すべし。……」

へ〈同一書第十一〉一書《あるふみ》に曰《い》はく、伊奘諾尊《いざなきのみこと》、三《みはしら》の子《みこ》に勅任《ことよさ》して曰《のたま》はく「天照大神は、高《たか》天之原《まのはら》を御《しら》すべし。……」

さきのニに加えて、ホ・への一書の情報を頭に置けば、第五段主文の10「天」、11「天上」と第六段主文の12「高天原」とが自然と結びつき、日神＝アマテラスが、天＝高天原の統治者であることが当然のように読めるのである。もちろん、古事記を知る者にとっては、より容易に理解することができる。

†イザナキの隠去

次にイザナキの隠去に関する記事を考えてみよう。少々難しい表現があるが、「神功《かむこと》既に畢《を》へたまひて、霊運当遷《あつし》れたまふ」とは、「神としての役目をすっかり終えられて、冥界にお隠れになろうとしている」という程度の意味である。実際には、前段で目標に掲げていた「天下の主者」の決定を見届けることもなく、それをすっかり「天」に任せてしまっての隠去である。「陰陽」から「天」主導へ、国作りの主役の交替がここで完了するのである。

さらに問題なのが13「亦曰く」以下の主文内の異伝である。その中に14「天に登りまして報命《かへりことまを》したまふ」とあるのをどのように理解したらよいだろうか。イザナキの隠去に関する主文の中の異伝であるから、この異伝は直前までの主文の文脈を受けているわけである。だが、この異伝は主文の中であまりにも浮いている。

イザナキは、「天」の誰から、いつ命令されていたというのか。イザナキは陽神として、「陰陽二元論」のもとで主体的に国作りを行っていたのではないのか。主文の世界に閉じこもってこの段を読むと、「実は誰かに操られていた」ということになって、それまでの「陰陽二元論」

など全てが台無しになってしまうのだ。そこに、ロ（第四段一書第一）のような天つ神主導の国作りの情報があればこそ、主文内の異伝として成り立つのである。やはりここでも、「陰陽二原論」と「天主導」という二つの国作りの理念が、一書の力を借りながら、主文の中で融合されていることが分かるのである。

†隠れていた最高司令神

続いて第九段（天孫降臨章）を取り上げたい。日本書紀はこの段から巻二（神代下）に入るのだが、ここに神代紀を通釈する上での最も大きな難関がある。第九段は非常に長いので、ごく一部だけ本文（訓読文）を示すことにする。

【第九段主文】

天照大神《あまてらすおほみかみ》の子《みこ》、正哉《まさか》吾《あ》勝勝速日天忍穂耳尊《かつかちはやひあめのおしほみみのみこと》、高皇産霊尊《たかみむすひのみこと》の女《みむすめ》、栲幡千千姫《たくはたちぢひめ》を娶《めと》して、天《あま》津彦彦火瓊瓊杵尊《つひこひこほのににぎのみこと》を生《あ》れます。故《かれ》、皇祖《みおや》高皇産霊尊、特に憐愛《おぎろめぐしとおもほすみこころ》を鍾《あつ》めて、崇《かた》て養《ひた》したまふ（特に愛情を注がれて、大切に養育なさった）。遂《つひ》に皇孫《すめみま》天津彦彦火瓊瓊杵尊《あまつひこひこほのににぎのみこと》を立てて、葦原中国《あしはらのなかつくに》の主《きみ》とせむと欲《おもほ》す。

（タカミムスヒが主導する葦原中国の平定〜オホナムチの国譲り……省略）

時に、高皇産霊尊、真床追衾《まとこおふすま》を以《もち》て、皇孫《すめみま》天津《あまつ》彦彦火瓊《ひこひこほのに》瓊《に》杵尊《ぎのみこと》に覆《おほ》ひて、降《あまくだ》りまさしむ。

その難問の一つがタカミムスヒの存在である。アマテラスの子のオシホミミと、タカミムスヒの娘との間にホノニニギが誕生し、タカミムスヒはそれを葦原中国の主と定めた。かつてイザナキ・イザナミが生もうとしていた「天下の主者」がようやく誕生したのである。その降臨に向けて、葦原中国の平定作業が進められてゆくのであるが、その主導者はタカミムスヒひとりである。タカミムスヒは、天《あめ》の安《やす》の川に、「八十諸神《やそもろかみたち》」を「召《め》し集《つど》へて」、平定のための策略を練り、最後にオホナムチとの交渉役も担っている。そして、オホナムチから国譲りの約束を取りつけて、いよいよ天孫降臨となるのだが、その際の司令神もタカミムスヒであった。

タカミムスヒは「天つ神」とも呼ばれていて、これは主文における国作りの原理が、既に「天主導」に変わっていることと符合している。このように、天つ神であるタカミムスヒの地位は極めて高く、その役割は〈建国神話〉の主題に直接かかわるほど重要である。

ところで、タカミムスヒとはいかなる神であったか。実は、ここが主文におけるタカミムスヒの初出なのであるから驚きである。突然現れた神がいかなる事情で「天つ神」「皇祖」となり、どのような根拠をもって八十諸神《やそもろかみたち》を「召」し集え、葦原中国の平定からオホナムチの国譲り、そして天孫降臨までを指揮することができるのか。そもそもタカミムスヒが「尊」号（日本書紀における至上の敬称……第一段主文）を持つことの根拠すら、当段に至るまでの主文では明らかにされていないのである。ことは天孫の誕生、降臨という〈建国神話〉の一大事であるから、軽々に見過ごすことはできないはずだ。

とにかく、主文に限って文脈を読めば、説得力はまったくない。タカミムスヒなど聞いたこともすらないのであるから。しかしここでも、例の仕組みが働いているのだ。この神、古事記では、天地創成の直後に、高天原という絶対の世界に成った「別天《ことあま》つ神《かみ》」（格別な天つ神）なのであり、イザナキ・イザナミに国作りを命じた神のひとりなのだ。詳細は第3章で述べたが、古事記の国作りは、イザナキ・イザナミの国生み、オホクニヌシの国作り、葦原中国の平定、オホクニヌシの国譲り、天孫の降臨、神武の東征まで、「別天つ神」の指揮監督のもとで為されてゆくのである。タカミムスヒはその過程の重要な場面において司令神の役割を果たしているのだ。こうした古事記の〈神話〉を知っている者は、当段の主文が特に違和感もなく読めてしまう。

さて、日本書紀の内部を見ると、これ以前の部分でタカミムスヒを伝えるのは、前掲（一八二頁）の二と第七段一書第一および第八段一書第六である。二では天地創成の直後、高天原に最初になった神のひとりとして紹介されている。この神が、造化神として「尊」号を持つ根拠となるだろう。第七段一書第一では、イハヤに隠れたアマテラスを復活させるべく、タカミムスヒの子の思金神《おもひかねのかみ》が思慮するというもので、古事記の天石屋戸《あめのいはやと》条と共通する内容である。第八段一書第六では、タカミムスヒが「天つ神」と位置付けられている。

このように、日本書紀の内部においては、一書の情報を総合することによって、初めて当段主文がそれとなく読めてくるのだ。日本書紀の〈神話〉全体としては、「天つ神」としてのタカミムスヒノ「尊《みこと》」も、いま唐突に現れたわけではないのだ。

ただ、こうした天つ神主導の国作りは、以前は主文の主要な原理ではなかった。「陰陽二元論」のもとで、天つ神タカミムスヒはその姿をひっそりと隠し、一書の中にだけ生きていたのである。また、「天主導の国作り」が主文の主要な原理になっても、その「天」を担うのは、日の神であり、アマテラスなのであって、その時もまだタカミムスヒは一書の中に姿を潜めていたのだ。それがここで、主文における主役の座に躍り出たというわけである。

ところで、この段において、アマテラスはどこに消えてしまったのか。実は複数の一書の中に生きているのである。一書の中では、時にはタカミムスヒと協力して、時にはアマテラス単独で、葦原中国平定から天孫降臨までを指揮している。これは主文の主張に抵触しないだろうか。もちろん抵触する。だから一書なのである。しかし、一書がなければ、当段の主文が読めなかったように、この段の一書の主張も、主文の流れの下を、副流として流れているのだ。

次に掲げる神武即位前紀の記事を見てみよう。神武天皇が皇子たちに語った言葉である。

「昔《むかしわ》我が天神《あまつかみ》、高皇産霊尊《たかみむすひのみこと》・大日孁尊《おほひるめのみこと》、此の豊葦原瑞穂国《とよあしはらのみづほのくに》を挙《あ》げて、我が天祖彦火瓊瓊杵尊《あまつみおやひこほのににぎのみこと》に授《のたまひ》けたまへり」

主文だけを読んでいては、まったく意味が通らない。オホヒルメとアマテラスが同神であることは、第五段主文の注記にあったが、それがホノニニギに国土統治を命じたというのは、第九段では一書にしか記されておらず、主文ではもっぱらタカミムスヒの役目だった。主文も一書も、ともに〈神話〉として生きているからこそ、この神武の発言があるのではないか。

†オホナムチはいつ偉くなったのか

第九段主文にはもう一つ大きな問題がある。オホナムチの存在である。主文において、オホナムチは第八段の最後に誕生している。ヲロチを退治したスサノヲが、クシナダヒメとの間にもうけた子がオホナムチなのである。第八段主文はほぼそこで終わっていて、その後のオホナムチについては一切語っていない。

それが第九段になると、いつの間にか葦原中国の支配神となっているのである。天から派遣された使者たちも、当たり前のようにオホナムチのもとを訪れている。主文には何ひとつ事情が示されていないのだが、オホナムチの国土支配は根拠のないことだと理解すればよいのだろうか。それはまずいだろう。なぜならば、オホナムチの国土支配に根拠がないならば、その神による国譲り、ひいては天皇の国土統治権さえも正当性を失うことになりかねないからだ。では、オホナムチの支配権を保証しているのは何か。ここでも例の仕組みが働いているのである。葦原中国平定のための使者と同様に、読者が当たり前のようにオホナムチを葦原中国の支配神だと納得するような仕組みである。

古事記によれば、オホナムチとはオホクニヌシのことである。正確に言うならば、袋かつぎまでしていた愚かなオホナムチが、いくつもの試練を経て、オホクニヌシ（偉大な国の主）になってゆくのである。この詳細は、第2章で述べたとおりだが、たとえば、よく知られた稲羽《いなば》の素兎《しろうさぎ》の話などは、オホナムチが将来オホクニヌシとなって、国を担ってゆくだけの資質の持ち主であることを示しているのである。また、根《ね》の堅州国《かたすくに》で、スサノヲの課した試練をつぎつぎに克服してゆくのは、通過儀礼を経て、より上位の神へと成長を遂げる過程を描いているのである。こうした過程が日本書紀主文には一切ないのだが、唯一、第八段の一書第六にオホナムチ＝オホクニヌシの国作りの話がある。その冒頭だけ紹介しておこう。

ト〈第八段一書第六〉一書《あるふみ》に曰《い》はく、大国主神《おほくにぬしのかみ》、亦《また》の名《みな》は大物主神《おほものぬしのかみ》、亦は国作大己貴命《くにつくりのおほなむちのみこと》と号《まを》す。亦は葦原醜男《あしはらしこを》と曰《まを》す。亦は八千矛神《やちほこのかみ》と曰す。亦は大国玉神《おほくにたまのかみ》と曰す。亦は顕国《うつしくに》玉神《たまのかみ》と曰す。其の子凡て、一百八十一神有《ま》す。夫《か》の大己貴命《おほなむちのみこと》と、少彦名命《すくなひこなのみこと》と、力を戮《あは》せ心を一《ひとつ》にして、天下《あめのした》を経営《つく》る。……

オホクニヌシは、多くの別名を持っている。神の名前は神格を表すから、別名とはもともと別の神だったことを示している。そして、それらをみな同神として統合したところに、偉大な国の支配者たる「大国主神」という神格が作られたのである。

この引用文の後には、具体的な国作りの様子が記されている。古事記ほど詳しくはないものの、オホナムチは確かにオホクニヌシとして国作りを行った。このような、古事記の〈神話〉や日本書紀の一書の知識があれば、オホナムチがオホクニヌシであることは自明のこととして、問題の主文を読むことができるのだ。そして、その読み方こそが、オホナムチの国譲りを有効にし、天皇の国土支配権が正当であることを保証する、唯一の読み方だと言えるのである。

†皇祖はなぜ死ぬのか

第九段・第十段・第十一段の主文に、次のような記事がある。

【第九段主文】

……久《ひさ》にありて、天津彦彦火瓊瓊杵尊《あまつひこひこほのににぎのみこと》、崩《かむあが》りましぬ。因《よ》りて筑紫《つくし》の日向《ひむか》の可愛《え》（訓注略）の山陵《みささぎ》に葬《はぶ》りまつる。

【第十段主文】

……後に久しくして、彦火火出見尊《ひこほほでみのみこと》、崩《かむあが》りましぬ。日向の高屋山《たかやのやま》の上の陵《みささぎ》に葬《はぶ》りまつる。

【第十一段主文】

……久しくましまして、彦波瀲武鸕鷀草葺不合尊《ひこなぎさたけうがやふきあへずのみこと》、西洲《にしのくに》の宮に崩《かむあが》りましぬ。因《よ》りて日向の吾平山《あひらのやま》の上の陵《みささぎ》に葬《はぶ》りまつる。

どれも各段主文の最後の一文であり、文の構造もほぼ同じである。編者によって統一的に書かれた記事であることが分かる。なぜ、編者は日向三代から皇祖の崩御を伝えるのだろうか。前に紹介したとおり、古事記においては、神であるはずの天皇の寿命の起源が説明されていた。降臨した皇祖ホノニニギが、コノハナノサクヤビメ（亦の名カムアタツヒメ）だけを妻として選び、姉のイハナガヒメとの結婚を拒んだという、選択型（バナナタイプ）の死の起源神話によるものであった。ところが、日本書紀の第九段主文には、

【第九段主文】

時に彼《そ》の国に美人《たをやめ》有り。名を鹿葦津姫《かしつひめ》と曰《い》ふ。（亦の名は神吾田津姫《かむあたつひめ》。亦の名は木花之開耶《このはなのさくや》姫《ひめ》。）

とあるだけで、コノハナノサクヤビメはカシツヒメの別名として見えているに過ぎない。カシツヒメの「カシ」やもう一つの別名カムアタツヒメの「アタ」は、ともに南九州地方の地名である。つまりこれらの神名は南九州の土地の姫の意味であり、この女神の子の中には隼人《はやと》の祖先神が含まれている。その女神と皇祖ホノニニギとの婚姻は、皇祖による南九州支配の意味を担っている。

しかし、コノハナノサクヤビメという神名は、この文脈ではまったく機能していない。第九段には、次の一書がある。ホノニニギの問いに、コノハナノサクヤビメが答える場面である。

チ〈第九段一書第二〉……対《こた》へて曰《まを》さく「妾《やつこ》は是《これ》、大山祇神《おほやまつみのかみ》の子《むすめ》。名は神吾田鹿葦津姫《かむあたかしつひめ》、亦の名は木花開耶姫《このはなのさくやびめ》」とまをす。因《よ》りて白《まを》さく「亦吾《やつこ》が姉《いろね》、磐長姫在《いはながひめはべ》り」とまをす。……時に皇孫《すめみま》、姉《あね》は醜《みにく》しと謂《おもほ》して、御《め》さずして罷《ま》けたまふ（お召しにならずに退去させた）。妹《おとと》は有国色《かほよし》として、引《め》して幸《みとあたは》しつ（夫婦関係を結んだ）。則《すなは》ち一夜《ひとよ》に有身《はら》みぬ。故《かれ》、磐長姫《いはながひめ》、大《おほ》きに慙《は》ぢて詛《とご》ひて曰《い》はく「仮使《たとひ》、天孫《あめみま》、妾《やつこ》を斥《しりぞ》けたまはずして御《め》さましかば（もし私めを妻にお迎えになっていれば）、生《う》めらむ児《みこ》は寿永《みいのちなが》くして、磐石《ときはかちは》の有如《あまひ》に常存《とばにまたか》らまし（生まれてくる子の命は磐のように永遠だったでしょう）。今、既に然《しか》らずして、唯《ただ》、弟《いろど》をのみ独《ひと》り見御《め》せり。故《かれ》、其の生むらむ児《みこ》は、必ず木《こ》の花《はな》の如《あまひ》に、移落《ちりお》ちなむ（木の花のように死んでしまうでしょう）」といふ。

こうした伝承があってこそ、コノハナノサクヤビメという神名が意味を持ってくるのではないだろうか。なぜ、主文がそれを書かなかったのかは分からない。皇祖と南九州（カシツヒメ）との関わりに、焦点を絞るためだったのだろうか。

ただ、先にあげた第九段～第十一段の主文において、神であるはずの皇祖が死を迎えるためには、チや古事記のような情報が必要になってくるはずである。それまでは皇祖が死ぬことはなかったのだから。しかも、第九段から第十一段の崩御記事が、ほぼ統一された文章であることを考えれば、日向三代からの崩御は編者の意識した〈歴史〉だったはずである。

そこで、主文が、敢えて活躍もしないコノハナノサクヤビメという神名を記した意図を考えてみよう。コノハナノサクヤビメとホノニニギとの結婚は、〈建国神話〉の常識において、皇祖や天皇の寿命の起源を説くものだった。〈建国神話〉の常識は、日本書紀の内部においては一書の併記という形で可視化されている。一見して何の機能もしていない「亦の名は木花之《このはなの》開《さく》耶《や》姫《びめ》」という主文の記事は、「木花開耶姫が出てくる後の一書を参照せよ」という注（インデックス）のような役目を担っていたのだろう。

4　日本書紀の〈神話〉をどう読むか

†読み方のポイント

「日本書紀の〈神話〉をどう読むか」と問われれば、まず、

① 各段の主文をつないで、その文脈をたどるしかない

と答えよう。ただ、主文と一書群とを合わせた神代巻全体を、編者が意図した構造体として把握すべきことも指摘したい。主文と一書群の文体（表記体）は概ね等しく、どこを見ても、日本書紀の文であって、古事記のそれではないのだから。一書が注だというのであれば、それで

も構わない。必要だから注があるのだ。

それでは、一書が主文に対してどのような機能を担っているであろうか。主文にある事柄を、一書がより詳細に説明する場合もあるし（青木周平『古事記研究』おうふう）、主文の途切れを一書が補うこともある（伊藤剣『日本上代の神話伝承』新典社）。後者については、本書の中でも縷々《るる》指摘してきたとおりである。やはり、

②　一書は主文にとって必要である。

ただ、それはまだ答えの半分でしかない。一書が必要な時もあるが、それでもなお、

③　一書は主文の内容に抵触する

のだ。たとえば、榎本福寿が指摘しているように、第一段において主文とは極端に「差違化」された一書（前掲ニ）が、後に展開する高天原主導の〈建国史〉を保証しているという事実がある（「日本書紀の冒頭神話の成りたちとその論理」『記紀・風土記論究』おうふう）。

主文の内容に抵触する一書が、主文にとって必要にもなる。一見して、相反するこの二つの

事がらをどう共存させることができるか。そこが、正答に近づくための鍵なのである。

もう一度、具体的に振り返ってみよう。主文における国作りの原理はどうであったか。まず「陰陽二元論」に始まり、そこから「天主導の国作り」へと受け継がれた。

同じく、「天」の主宰神はどうであったか。まず陽神・陰神であるはずのイザナキ・イザナミが何となく「天」を担っていたが、やがて「天上」の統治者として日の神オホヒルメが登場し、それが後に、アマテラスという神名で活躍し、その後には「天つ神」と呼ばれるタカミムスヒに取って代わられる。

このように、主文は、〈建国神話〉の理念を変えながら、また何系統かの司令神を交替させながら展開してゆくのだ。その変わり目は、主文としてはあまりに唐突であったり、不可解であったりするのだが、それを解消するのが一書群の存在である。

たとえば、「陰陽二元論」が「天主導」に代わっても、「天つ神」タカミムスヒがいきなり「尊」号を持って現れても、それは既に一書に示してある情報であり、それが主文の合理性を保証しているのだ。また主文において、「日神系」が「天照系」に代わっても、なお「日神系」の伝承は一書として存在し続け、かつての主文の理念の正当性を保証する。主文における「天」の主宰神が、オホヒルメ＝アマテラスからタカミムスヒに交替しても、なお一書の中ではアマテラスが主宰神であり続け、それが以前の主文の確かさを保証する。

一定の振り幅の中で、〈建国神話〉の異伝が作られ、それが大きな川を形成して時間軸の上を流れてゆく。そんな構造を仮想してみよう。本書では〈建国神話〉の常識とも言ってきた流れである。この〈建国神話〉の常識を逸脱して、新しい〈神話〉は作れない。そんな奇抜なものを作ってみても、それは「神話力」など持ち得ないのだ。

日本書紀の主文にも、古事記の本文にも、文脈の途切れたところがいくつもあった。しかし、そこは後世に「記紀神話」と呼ばれるような〈建国神話〉の大きな流れがつないでしまうのである。その途切れは、独自性を出すための意図的な省略であったり、誤魔化しであったり、複数の原理を融合させるために生じた段差であったりした。それぞれの編者は、〈建国神話〉の大きな流れに、明記しにくい部分のつなぎ役を期待しているかのように思える。

本文しか持たない古事記にとって、〈建国神話〉の流れは、編者と読者とが共有する、まさに言外の常識でしかなかった（前掲図4参照）。その〈建国神話〉の常識的な流れを、一書群を掲載することで自らの内部に持ったのが日本書紀だったのではないか。そして、その上に、一筋の主文を流して、全体を文字による〈神話テキスト〉として完結させたのであろう。主文を中心にして構造を描いてみると、図7のようなイメージになる。古事記の時と同じ形になっているが、そのほぼ全体が文字によって可視化されているのだ。

次に、〈建国神話〉の流れを先ず描き、その上に、どのように主文が流れていくかを図8に示す（図7・8ともにイメージで、実際の段・一書の数とは異なる）。

日本書紀の主文は、〈建国神話〉の流れの上をただ直進するのではなく、幅広く横断するかのように、つまり〈建国神話〉の伝承の系統（「日神系」「天照系」「タカミムスヒ」系など）や複数の理念（「陰陽二元論」と「天主導の国作り」など）を渡り歩くように流れ、そして神武天皇に始まる人皇代の一本化された〈歴史〉に流れ込んでゆくのである。

主文と一書群は神代巻の中を平行して流れ、その関係は段ごとの「主文脈」「副文脈」、「主流」「副流」というのに近い。本書で「主文」という術語を用いたゆえんは、実はそこにある。神代巻が目指したのは、主文と一書群とを連係させながら、主文の中にも幾つかの〈建国神話〉の理念を接合させて、総合的な〈建国神話〉の世界を示すことであったと思う。

†日本書紀にとって〈神話〉とは何か

さて、このように日本書紀〈神話〉の構造を捉えてみたが、最後に、なお残る疑問点を二つあげておこう。一つは、日本書紀にとって、〈神話〉とは何だったのかという点である。日本書紀は、中国にも通用するような漢文体の正史であることを目指して編纂された。ここが古事記と大きく異なるところなのであるが、そんな正史がなぜ〈神話〉を用いて建国の〈歴史〉を描く必要があったのだろうか。文体こそ大いに違うものの、内容は古事記ばりの〈神話〉に他

図７　主文を中心にした日本書紀〈神話〉の構造

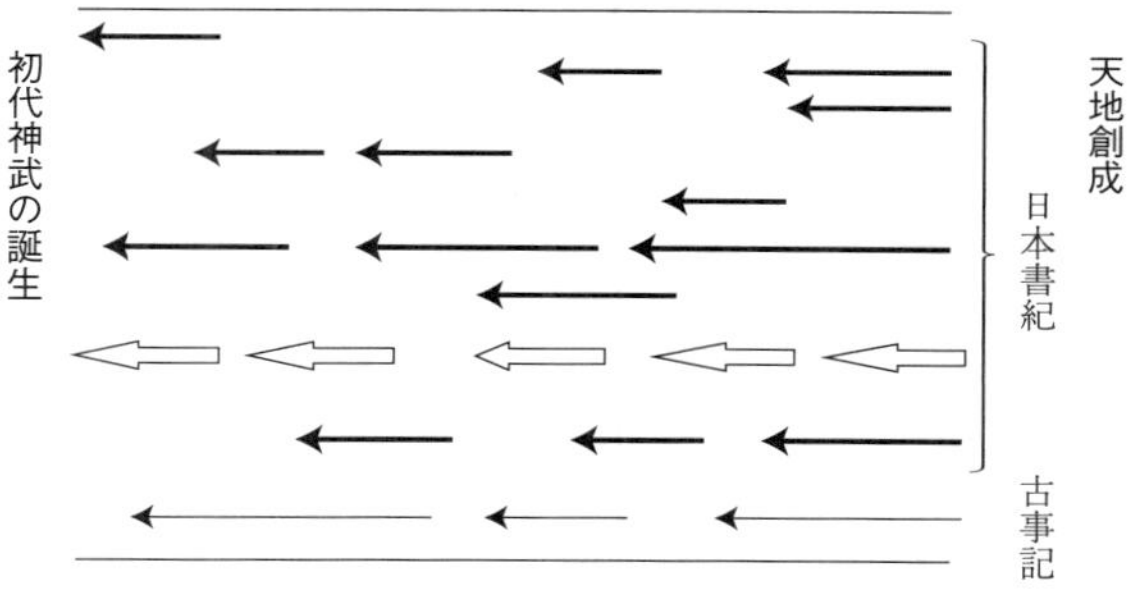

注 ←…一書
←…古事記
⇦…神代巻主文の文脈。切れ目は一書群（及び古事記）が構成する〈建国神話〉の常識という流れによって繋がれる。

図８　〈建国神話〉の流れの中の日本書紀主文の文脈

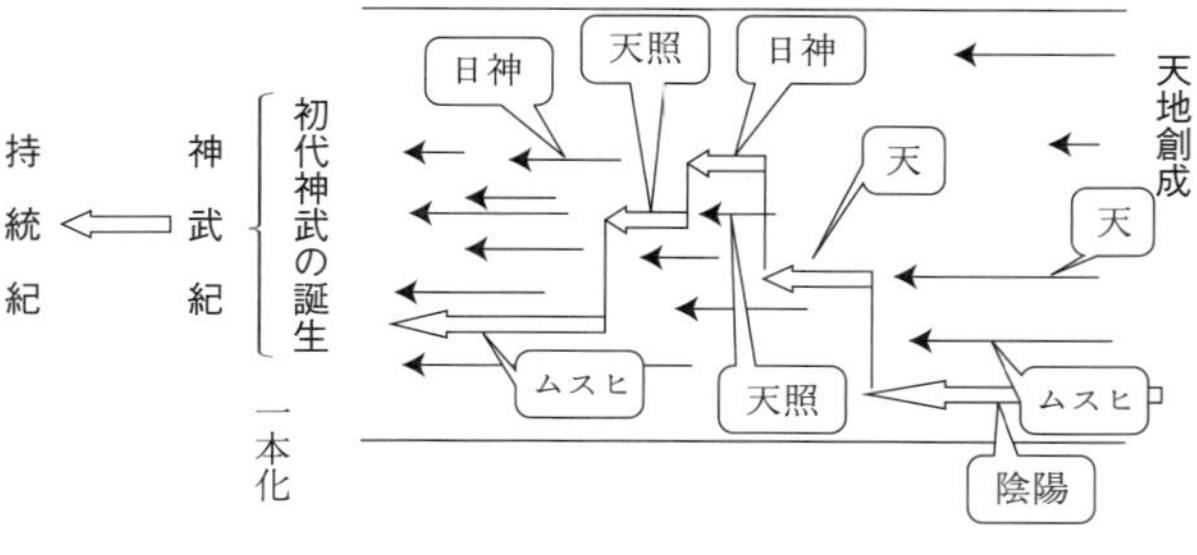

注 ←…一書
⇦…神代巻主文の文脈。主文の段差は図７の切れ目にあたる。
陰陽…陰陽二元論による国作り
天…天主導の国作り
天照…天照系　日神…日神系　ムスヒ…タカミムスヒ系

ならないのだ。

主文を定めながら、異伝としての複数の一書を配置するのは、神代巻に限ったことであり、歴代天皇紀とは明らかに異なる意識をもって〈神話〉を描こうとしているのは確かなことである。それはなぜなのだろう。

簡単に答えの出せる問題ではないが、日本書紀の現在ある姿からすれば、次のようなことが言えるかもしれない。総合的な〈建国神話〉を描くことが、〈歴史〉を記す大前提であったのではないか、ということである。もう一度、神武即位前紀から神武天皇の発言を引いておこう。

「昔我《むかしわ》が天神《あまつかみ》、高皇産霊尊《たかみむすひのみこと》・大日孁尊《おほひるめのみこと》、此《こ》の豊葦原瑞穂国《とよあしはらのみづほのくに》を挙《のたまひあ》げて、我が天祖《あまつみおや》彦火瓊瓊杵尊《ひこほのににぎのみこと》に授けたまへり」

主文だけを読み進めても、この発言内容は理解できない。主文ではタカミムスヒが天孫降臨を指令するのであるから。ところが、アマテラスの指令する天孫降臨神話が一書には存在し、それ以前の段において、アマテラスは日の神オホヒルメの別名だということになっている。このように、神代巻の全体を受け止めた時にこそ、この記事が理解できることになっている。

主文と一書群の全体で〈建国神話〉の常識を示しているし、主文そのものも一書に頼りながら、さまざまな〈建国神話〉の系統・理念を横断しているのである。つまりは、〈建国神話〉の諸伝を包括的に受け止めることで、その「神話力」を維持することが、むしろ神武以降の〈歴史〉を記す大前提、基礎固めであったということだろう。だからこそ人皇最初の神武紀に、引用したような、まとめの〈神話〉記述があるのではないか。

†なぜ古事記の〈神話〉がないのか

最後にもう一つ大きな疑問点をあげておく。これも簡単に答えの出せるような問題ではないのだが、日本書紀が〈建国神話〉の諸伝を掲載しているのに、なぜそこに古事記の〈神話〉がないのか、という点である。

古事記は日本書紀成立の八年前に完成したことになっている。正史としての日本書紀は、古事記とは違うものを目指していて、日本書紀にとって古事記とはいわば否定的な存在だったというのが、これまでの議論の主な方向性だと思う。文体などからは、確かにそのように見えてくる。ただ、〈神話〉という観点から見るとどうだろうか。

日本書紀の〈神話〉は、確かに漢文を主として書かれているが、古事記の〈神話〉を漢文になおして、一書として掲載することもできたはずである。それを書かないのは、むしろ既に古事記があったからだと考えることはできないだろうか（拙稿「神代記・紀の相関性について」『國學院雑誌』一一二—一一)。そして、その古事記〈神話〉の情報も、もちろん〈建国神話〉の常識を構成するものであって、主文を読む際の前提だったということである。現に日本書紀の主文の文脈は、古事記を知る者ほど、その断絶や段差に気付きにくい仕組みになっていた。

後世に「記紀神話」と総称される漠然とした〈建国神話〉の常識を前提にして、〈神話〉がなお一定の「神話力」を持っていた時代における史書編纂の営みと捉えておきたいのだ。

かつての無批判な「記紀神話」観はもはや通用しないが、いま改めて自覚的に〈記紀神話〉の世界を見直し、それを背景として成り立つ古事記・日本書紀それぞれの〈神話作品〉の読みを提唱したいのである。

第Ⅲ部　出雲が「日本」になった日

加賀の潜戸（島根県）。暗黒の洞窟を神が弓矢で射抜いた「加賀の神埼の神話」の舞台。

第7章 〈出雲神話〉の再構築

1 出雲国風土記の成立

†風土記編纂の発端

本章では出雲国風土記《いづものくにふどき》の〈神話〉世界を見定めたい。まずは風土記編纂の経緯について説明しておく。

和銅六年（七一三）五月のこと、諸国に「史籍」を「言上《ごんじょう》」せよとの官命が下された。これが後に風土記と呼ばれるものが誕生する直接の契機である。

中央では、前年に古事記が成立し、日本書紀も養老四年（七二〇）の成立に向けて編纂が進められていた。古事記・日本書紀の編纂が開始された天武朝（六七二〜）から、それらが成立するこの時期にかけて、大和王権は律令という舶来の制度によって氏族社会を再構築し、対外的には「日本」「天皇」の名のもとに、自ら独立した一帝国であることを主張するなど、まさしく新しい国家が建設されようとしていた。こうした時代を背景として、国史編纂の気運が高まっていったのだが、史書である古事記・日本書紀が「神代《かむよ》」とよばれる一時代の〈歴史〉として、〈神話〉を持っていたことは述べてきたとおりである。

さて、こうした歴史的状況の中で、地誌としての風土記には何が求められていたのだろうか。和銅六年の官命を分析してみよう。

五月甲子《きのえねのひ》。畿内《きない》と七道《しちだう》の諸国《しょこく》。①郡《こほり》と郷《さと》の名には好《よ》き字を着《つ》けよ。②其の郡《こほり》の内《うち》に生《な》れる銀・銅・彩色・草木・禽獣・魚虫等の物は、具《つぶ》さに式目《しきもく》を録《しる》し、及《ま》た③土地の沃堉《よくせき》、④山川原野《やまかははらの》の名号《な》の所由《しょいう》、又《ま》た⑤古老《ふるおきな》の相《あ》ひ伝ふる旧聞異事《きうぶんいじ》は、史籍《しせき》に載《の》せて言上《ごんじやう》せよ。

（『続日本紀』和銅六年　※原漢文）

「畿内《きない》」とは大和《やまと》・山城《やましろ》・河内《かわち》・摂津《せっつ》の四ヶ国（後に河内の一部が和泉《いずみ》として独立）のこと、

「七道」とは東海道《とうかいどう》・東山道《とうざんどう》・北陸道《ほくりくどう》・南海道《なんかいどう》・山陽道《さんようどう》・山陰道《さんいんどう》・西海道《さいかいどう》のことで、それらの諸国とは大和王権の支配が及んだ「日本」全体の公的な「国」の全てを指している。

出雲国や常陸国《ひたちのくに》などの「国」とは地方の官庁であるから、そこに中央の太政官から正式な命令が出されたわけである。これに応じて作成された風土記は、地方官庁から中央政府に提出された公文書（「解《げ》」という）であり、正式には「国司《こくし》」の名でまとめられるべき文書であった。

この官命に応じて、多くの国々が解を作成、提出したはずであるが、現在までまとまった文献として伝わるのは、五ヶ国（常陸《ひたち》・播磨《はりま》・出雲《いづも》・豊後《ぶんご》・肥前《ひぜん》）の風土記に過ぎず、その他に、散逸した各国風土記の断片が別の文献に引用されて「逸文《いつぶん》」という形で残っているだけである。

†風土記編纂の目的

さて、官命の内容をさらに検討してみよう。①から⑤まで大きく五つの要求項目があげられている。まず、①「郡と郷の名には好き字を着けよ」は地名表記に関する事項である。郡や郷の名（和銅六年当時、正式には「郡里」制であった）とは公的な行政単位としての地名であって、この要求は山や川などの自然地名には及んでいない。何をもって「好き字《よ》」とするのか、その基準は諸国の風土記を見る限り規則的ではないが、地名表記の統一化が図られていたことは間違いないだろう。地名はそれまで（実際にはそれ以後も）、様々に表記されていた。たとえば、ヤマトにも「大和」「倭」「日本」「山常」「夜麻登」「山跡」などいくつもの表記例が見える。これは行政上とても不便であったに違いない。その統一を目指しての官命が①であろう。

続く②は各地域における物産の品目を、③は土地の沃埆《よくせき》をそれぞれ報告せよとの要求である。物産の把握は国家経営上の重要事項であり、とりわけ「和同開珎《わどうかいちん》」（銀銭・銅銭）の貨幣制度によって、国内の経済基準の統一が図られていた時代において、「銀・銅」の産地の把握が不可欠であったことは容易に想像できるだろう。また、土地の沃埆は農作物の収穫量の指標である。とりわけ、この列島の長い歴史の中で、貨幣と同等あるいはそれ以上の経済指標であり続けた米穀の収穫量を把握することは、国家経営の上で不可欠な事がらであったに違いない。

①〜③を見る限り、風土記編纂の官命の目的が、国家経営の安定化のためであることは明らかである。問題は残る二つの項目である。

†なぜ神話の報告が命じられたのか

官命の④「山川原野の名号の所由」は地名の起源、⑤「古老の相ひ伝ふる旧聞異事（旧《ふる》く聞く異《あや》しき事）」とは土地で代々語り伝えられてきた神話・伝説を含めた〈歴史〉のことと思われる。もちろん、この両者は互いに重なる部分を持っている。さて、これらの報告が求められたのは、いかなる理由によるのだろうか。古事記・日本書紀という大和王権の史書も〈神話〉

を持っていた。そして風土記という地誌に神話の報告が求められた。同時代における神話をめぐる二つの事柄が無関係であるとは思えないのである。

繰り返し述べてきたが、本来の神話は、人の生死を決定し、社会を規制する力を持って伝承されていた。いにしえに神がとった行動や、神が発した言葉によって、人の死が確定し、社会のルールが決定されたように、神話は絶対的な力を持っていた。

また地名起源伝承は、村落共同体の起源を語り、またそれぞれの生活圏の山や川の神のことを伝えていた。そして、人々は村落を取り囲む神の信仰を守り、村落を永久に存続させる義務を負って生きていた。だから、地方の神話や地名起源伝承は、その地方の人々がどのような価値観を持って生きているかを知るための、重要な資料であったに違いないのである。だからこそ、それらの把握は、土地の人々のイデオロギーを掌握し、それらを統一し、国家イデオロギーを形成させるために必要な事がらだったというわけだ。

古事記や日本書紀の〈神話〉を見ると、地方の神話の把握は、ずっと以前から繰り返し行われていた。大和王権の〈建国神話〉は、もとより皇室ゆかりの神々だけではなく、それとは別の信仰圏の神々の事跡をも交えて構成されている。この点は第I部で述べたとおりである。

さて、このたびの官命は、古事記が成立し、日本書紀があと数年で完成するという時代、つまり大和王権の〈建国神話〉の骨格が既に形成されていた時代に発令された。この時点における神話伝承の報告には、いかなる意味があったのだろうか。

ここでは主として出雲国風土記を扱うが、この風土記は、古事記・日本書紀の成立から時を経た天平五年（七三三）に成ったものである。出雲国風土記はこの官命の趣旨をどのように受け止めて、どのようにそれに応えようとしたのだろう。

前に述べたとおり、風土記とは国という地方官庁が、太政官という上級官庁に提出した「解《げ》」であって、『常陸国風土記』の巻頭に「常陸《ひたち》の国司《くにのつかさ》の解《げ》」とあるのが正式な形である。ところが、出雲国風土記だけは、出雲の祭祀を統括する世襲の出雲国造《こくぞう》が編纂責任者となっている。そのことも影響してか、他国の風土記に比して、神々の物語を著しく多く載せている。出雲国内の地方神も多いが、中央の〈神話〉で活躍するような神々も登場する。だから、この風土記を読むことで、神話や〈神話〉の変遷の跡をたどることができるかもしれない。

中央の〈神話〉が地方の神々の信仰や神話を利用して、大和王権による建国の由来を説いていたことは前述のとおりだが、今度はその大和王権の〈神話〉を、地方がどのように受け止めたのか、あるいは無視したのか。そこを見てみたいのだ。大和王権の〈神話〉が地方に及び、地方の伝統がその「神話力」を認めた日、それは地方が「日本」になった日であるに違いない。

2 出雲と中央――神と神話の往来

†オホナムチからオホクニヌシへ

出雲ナンバーワンの神といえば、いうまでもなく杵築《きつき》大社（出雲大社）に祀《まつ》られるオホナムチである。出雲国風土記の中でも、圧倒的に第一位の登場回数を誇っていて、遅くとも風土記編纂の時代には、その名が出雲国の全体に知られていたと思われる。

なお、上代の諸文献には「大穴牟遅《おほなむち》」（古事記）、「大穴持《おほなもち》」（出雲国風土記・「出雲国造神《いづものくにのみやつこのかむ》賀詞《よごと》」）、「大己貴《おほなむち》」（日本書紀）、「大汝《おほなむち》」（『播磨国風土記』）、「於保奈牟知《おほなむち》」（『万葉集』）、「於保那《おほな》武智《むち》」（『古語拾遺』）などと表記される神がいて、おそらくみな同神であると思われるが、本来の神名はオホナムチであった可能性が高い（佐佐木隆「〈大穴牟遅〉〈大己貴〉の表記とその訓」『古事記年報』二三）。出雲国風土記の「大穴持」は字に即せばオホアナモチもしくはオホナモチとなるが、中央の〈神話〉との間で「大穴持」も「大己貴」も「大穴牟遅」も同神という共通認識があったと認められるので、ここではオホナムチで統一することにする。

まずは風土記から次の二伝承をあげておこう。

多禰郷《たねのさと》……天《あめ》の下造《したつく》らしし大神《おほかみ》、大穴持命《おほなむちのみこと》と須久奈比古命《すくなひこのみこと》と、天の下を巡《めぐ》り行《ゆ》きし時、稲種《いなだね》を此処《ここ》に堕《おと》したまひき。故《かれ》、種《たね》と云《い》ふ。……(出雲国風土記、飯石郡《いひし》)

稲種山《いなだねやま》 大汝命《おほなむちのみこと》と少日子根命《すくなひこねのみこと》と二柱の神、神前《かむざき》の郡《こほり》、聖岡《はにをか》の里《さと》の生野《いくの》の岑《みね》に在《いま》して、此の山を望《のぞ》み見て、のりたまひしく「彼《そ》の山は、稲種《いなだね》を置くべし」とのりたまひて、即《すなは》ち、稲種を遣《や》りて、此の山に積みましき。山の形も稲積《いなづみ》に似《に》たり。故《かれ》、号《なづ》けて稲種山といふ。

(『播磨国風土記』揖保《いひぼ》郡)

オホナムチとスクナヒコ(スクナヒコナ・スクナヒコネとも呼ばれる)の伝承である。このコンビは、周知のとおり古事記・日本書紀の〈神話〉でも国作りをしているし、『伊予国風土記《いよのくにふどき》』(逸文)には道後温泉の起源となる伝承を残している。オホナムチという神名は、オホ(大)+ナ(地)+ムチ(貴)であり、貴い大地の神の意であろう。その相棒のスクナヒコは小さな神として登場することが多く、穀物の種の神だとするのが定説である。オホナムチはどの文献においても国作りの神に相違ないのだが、もともとは種の神と一緒に活動するような農地開拓の神であったと思われる。

それが古事記や日本書紀の一書（第八段一書第六）ではオホクニヌシとして葦原中国のほぼ全域を支配し、また日本書紀主文（第九段）でも、オホクニヌシという名前こそ示されないものの、同じく葦原中国の支配神として君臨しているのだ。

古事記の〈オホクニヌシ神話〉については第2章に詳述したので、ここではその文脈展開を箇条書きで確認するにとどめたい。

①スサノヲの六世孫としてオホクニヌシが誕生。オホクニヌシには次の五つの名がある。
大国主神＝オホナムチ＝アシハラシコヲ＝ウツシクニダマ＝ヤチホコ（スサノヲ系譜）

②オホナムチに「大国主」としての素質のあることが確認される（稲羽《いなば》の素兎《しろうさぎ》条）。

③オホナムチは死と再生を経て成長する（八十神《やそがみ》の迫害条）。

④オホナムチは根堅州国《ねのかたすくに》を訪れ、スサノヲの娘スセリビメと結婚し、スサノヲの試練を克服して成長を遂げ、葦原中国に帰還する。試練の克服は成年式を意味する。

⑤オホナムチに対してスサノヲの四つの指令

1 生大刀《いくたち》・生弓矢《いくゆみや》（武力）で境界（坂・河の瀬）を取り払い国を支配せよ。

2 ウツシクニダマとなれ（祭祀権を掌握せよ）。

3　スサノヲの娘スセリビメを嫡妻《むかひめ》（正妻）にせよ。

4　「底津石根《そこついはね》に宮柱《みやばしら》ふとしり高天原《たかまのはら》に氷椽《ひぎ》たかし」る宮殿（天皇の宮殿と同じ壮大荘厳なる宮殿）に鎮座せよ。

が出され、オホナムチは指令1をすぐに遂行する。（以上、根の国訪問条）

⑥オホナムチは指令2を遂行するため、土地の神を祀る各地のヒメと婚姻する必要があった。遠々《とほとほ》し越《こし》の国のヌナカハヒメとの婚姻によって、葦原中国のほぼ全域支配を遂げる。（ヌナカハヒメ求婚条）

⑦指令3の遂行で嫡妻（正妻）となったスセリビメが嫉妬し、「倭《やまと》」に「上《のぼ》」ることのできないオホクニヌシとなる。（スセリビメの嫉妬条）

⑧葦原中国にオホクニヌシ一族が繁栄し、オホクニヌシは高天原の天つ神の管理のもとで国作りを実行する。（国作り条）

⑨オホクニヌシは、指令4にある特別な宮殿の造営を交換条件として、皇祖に葦原中国の国譲りをする。指令1〜4の完遂によって真のオホクニヌシとなった瞬間に、国譲りをするという結果を迎える。

結局のところ、スサノヲの指令の3と4は、オホクニヌシを制限し、国譲りを必然のこととして説くためにあったと言える。

さて、オホクニヌシの五つの神名は一つ一つが本来別の神格であった。それを「亦の名」として一神にまとめ、「大国主神」という新しい神格を作りだしたのであった。またオホクニヌシ（オホナムチ）とスサノヲとを直系の系譜で結んだのも大和王権の〈神話〉の仕業であった。

このように古事記は、出雲の国作りの神であるオホナムチを、同じく出雲のスサノヲを通す形で、制限つきのオホクニヌシとして公認し、利用したのである。オホクニヌシは天下の完全なる統治者ではないものの、正当なる国の主であった。だからこそ、それが皇祖に譲り渡した国の支配権は確かなものなのだという具合に。

†帰ってきたオホナムチ

再び出雲国風土記からオホナムチの記事をいくつか取り上げる。

母理郷《もりのさと》……天《あめ》の下造《したつく》らしし大神《おほかみ》、大穴持命《おほなむちのみこと》、越《こし》の八口《やくち》を平《たひら》げ賜《たま》ひて、還《かへ》り坐《ま》す時、長江《ながえ》山《やま》に来《き》坐《ま》して詔《の》りたまひしく「我《わ》が造《つく》り坐《ま》して命《し》らす国は（私がお造りになって治めておられる国は）皇御孫命《すめみまのみこと》、平《たひら》けく世知《みよし》らせと依《よ》さし奉《まつ》らむ（皇祖が平安にお治めになるように御委任申し上げよう）。但《ただ》、八《や》雲立《くもた》つ出雲国は、我が静《しづ》まり坐《ま》す国と（但し、八雲立つ出雲国だけは、私が鎮座なさる国として）、青垣山廻《めぐ》らし賜ひて（周囲に青々とした垣根の山を廻らしなさって）、玉弥置《たまお》き賜《たま》ひて守《も》りたまはむ（玉を安置してお守りになりましょう）」と詔《の》りたまひき。故《かれ》、文理《もり》と云ふ。……（意宇《おう》郡）

まず「越《こし》の八口《やくち》」というのがよく分からない。蛇のことをクチナハということから、同じく越にいるヤマタノヲロチのことだとする説があるが、ここにはペルセウス・アンドロメダ型神話の片鱗すらうかがうことができない。また民族名とする説や地名とする説もあるが、どちらも決定的な証拠はない。ただ「平《たひら》」げる対象としては、怪物よりも、地域や民族の方が適当ではあろう。いずれにしても、なぜオホナムチが越まで赴かなければならないのだろうか。

越から来る怪物を退治して自分の国を守ることと、越まで出向いて何ものかを平定することとはまったく違うのだ。神話は土地の歴史を描く。だから土地を守る神を描くのはその土地の神話であり得るが、よその土地へ行って何ものかを平らげる神を描くのは、すでに権力を持った〈神話〉ではないだろうか。「越の八口」にまつわる話がもう一つある。

拝志郷《はやしのさと》……天《あめ》の下造《したつく》らしし大神《おほかみ》の命《みこと》、越の八口を平《たひら》げむと為《し》て、幸《いでま》しし時……（意宇郡）

天の下造らしし大神（オホナムチ）の越《こし》への旅を、「幸《いでま》」すと表現している。「幸」は行幸の意であって、天皇やそれに準ずる特別な皇子（ヤマトタケル）、特別な皇后（神功皇后《じんぐう》）にしか基本的には用いられない絶対敬語で、他国風土記の用例に例外はない。ここで、オホナムチに「幸」を用いていることからすると、オホナムチは神である以上に王に近い扱いになっているとも言える。そして、後に掲げる古事記の「神語《かむがたり》」が、ヤチホコ（＝オホナムチ＝オホクニヌシ）に対してだけ、例外的に「幸」を用いているのである。偶然の一致であるとは思えない。

次にオホナムチから皇祖への国譲りである。神の本来の信仰圏において、神が自ら作って支配した国を、他国の神に献上するという神話が作られるだろうか。母理郷の伝承は、古事記や日本書紀が伝える〈国譲り神話〉に基づいて作られた、新しい〈神話〉であるに違いない。「越」にまで「幸《いでま》」し、皇祖に国を譲るオホナムチの姿は、まさしくオホクニヌシのような国土の支配神のようだ。

しかし、ただ〈国譲り神話〉を受け止めただけではない。そこに「出雲一国だけは守った」とする主張が載せられている。この主張は大和王権の〈建国神話〉ではあり得ない内容であり、出雲国造側の対抗意識を認めるべきである（神田典城《のりしろ》『日本神話論考出雲神話篇』笠間書院）。

古事記・日本書紀などの〈国譲り神話〉を受けながらも、オホナムチの力の限界や、皇祖に対しての劣勢などを言わず、より高い地位から皇祖に国土統治を委任し、出雲だけは守ったことを主張しているのである。

†出雲大社は天つ神が造った

さて、出雲随一のオホナムチを祭る杵築《きつき》大社（出雲大社）はどのように造られたのだろうか。楯縫《たてぬひ》郡の総記には次のようにある。

> 楯縫と号《なづ》くる所以《ゆゑ》は、神魂命《かみむすひのみことの》詔りたまひしく「吾《わ》が十足《とだ》る（私の満ち足りた）天日栖宮《あめのひすみのみや》の縦横《たてよこ》の御量《みはかり》（縦横の寸法）は、千尋《ちひろ》の栲紲《たくなは》持ちて（長い楮の縄でもって）、百八十結《ももやそむす》び結《むす》び下《さ》げて（何度も何度も厳重に結び下げて）、此《こ》の天《あめ》の御量《みはかり》を持《も》ちて（天上界の尺度でもって）、天の下造らしし大神の宮造り奉《まつ》らむ（オホナムチの大神の宮殿をお造り申し上げよう）」と詔《の》りたまひて、御子《みこ》、天御鳥命《あめのみとりのみこと》を楯部《たてべ》と為《し》て、天下《あまくだ》し給《たま》ひき。……（楯縫郡総記）

「天《あめ》の御量《みはかり》」が杵築大社の建築基準であるという。そしてその基準はカミムスヒの「天」の宮の尺度に由来するというのだ。いったい「天」とは何なのだろうか。

出雲国風土記の内部にその答えを求めることはできない。天上界などどこにもないのである。小さな土地の神の天降り神話ならば漠然とした「天」の観念があったと了解してもよい。また、地誌としての風土記には神話的異界を描く必然性がないのかもしれない。ただ、ことが杵築大社の建築基準となるとそうはいかないように思うのだ。とにかく出雲ナンバーワンのオホナムチ、古事記や日本書紀ではオホクニヌシとして活躍する神の宮殿なのだから。

橋本雅之は、出雲に限らず風土記が「天」を描かないところに、大和王権の〈神話〉に対する「遠慮」を読みとっている（『古風土記の研究』和泉書院）。ここも大和王権の〈神話〉における天上界（高天原）の存在を黙認し、それを当然の前提として書かれていると考えられる。当該の伝承は、日本書紀（第九段一書第二）の〈国譲り神話〉との関係が指摘されている。

時に高皇産霊尊《たかみむすひのみこと》、乃《すなは》ち二《ふたはしら》の神（天上からの使者）を還《かへ》し遣《つかは》して、大己貴神《おほなむちのかみ》に勅《みことのり》して曰《のたま》はく、「今、汝《いまし》が所言《まをすこと》を聞くに、深く其の理《ことわり》有り。故《かれ》、更《さら》に条《をちをち》にして勅《みことのり》したまふ（一条一条と筋道を立てて勅命しよう）。夫《そ》れ汝《いまし》が治《しら》す顕露《あらは》の事（現実世界の政治）は、是吾孫《これすめみま》治《しら》すべし（私の子孫が治めるべきだ）。汝《いまし》は以《もち》て神事《かみのこと》（幽界の神事）を治《しら》すべし。又、汝が住むべき天日隅宮《あめのひすみのみや》は、今供造《つく》りまつらむこと、即《すなは》ち千尋《ちひろ》の栲縄《たくなは》を以《もち》て、結《ゆ》ひて百八十紐《ももやそむすび》にせむ。其の宮を造る制《のり》は、柱は高く大《ふと》く、板は広く厚くせむ。……」

「天日栖宮《あめのひすみのみや》」（出雲国風土記）と「天日隅宮《あめのひすみのみや》」（日本書紀）、「千尋《ちひろ》の栲紲《たくなは》持ちて百八十結《ももやそむす》び」（出雲国風土記）と「千尋《ちひろ》の栲縄《たくなは》を以《もち》て、結《ゆ》ひて百八十紐《ももやそむすび》」（日本書紀）。同じ杵築大社の造営にまつわる伝承に、これだけ類似した表現があるのは、決して偶然ではないだろう。

第2章で見たように、古事記の〈国譲り神話〉にも、オホクニヌシの宮殿が高天原側の手によって造られるということが記されていた。これらは「天」を価値基準として展開する〈建国神話〉ならではの発想に違いなく、出雲国風土記における杵築大社の建設は〈建国神話〉を受け止めたところにこそ成立するはずの内容である。

†カミムスヒ——出雲のムスヒ神

次にカミムスヒについて考えてみよう。カミムスヒは出雲国風土記にもたびたび登場する。

生馬《いくま》の郷《さと》……神魂命《かみむすひのみこと》の御子《みこ》、八尋鉾長依日子命詔《やひろほこながよりひこのみことの》りたまひしく「吾が御子、平明《やすら》かにして憤《いく》まず（怒らない）」と詔《の》りたまひき。故《かれ》、生馬《いくま》と云ふ。（嶋根郡）

法吉《ほほき》の郷……神魂命《かみむすひのみこと》の御子、宇武賀比売命《うむがひめのみこと》、法吉鳥《ほほきどり》（ウグイス）と化《な》りて飛び度《わた》りて此処《ここ》に静《しづ》まり坐《ま》しき。故《かれ》、法吉《ほほき》と云ふ。（嶋根郡）

加賀《かか》の神埼《かむざき》……謂《いは》ゆる佐太大神《さだのおほかみ》の産生《あ》れませる処《ところ》なり。産生《あ》れませる時に臨みて弓箭《ゆみや》亡《う》せ坐《ま》しき。その時、御祖神魂命《みおやかみむすひのみこと》の御子、枳佐加比売命願《きさかひめのみことね》ぎたまひしく……（嶋根郡）

漆治《しつち》の郷……神魂命《かみむすひのみこと》の御子、天津枳比佐可美高日子命《あまつきひさかみたかひこのみこと》の御名《みな》を、又、薦枕志都治値《こもまくらしつちち》と云《い》ふ。この神、郷の中に坐《いま》す。故《かれ》、志丑治《しつち》と云ふ。（出雲郡）

宇賀《うか》の郷……天の下造らしし大神命《おほかみのみこと》、神魂命《かみむすひのみこと》の御子、綾門日女命《あやとひめのみこと》を誂《つまど》ひ坐《ま》しき（アヤト姫に求婚なさった）。その時、女神《めがみ》肯《うべな》はずて（承知せずに）逃げ隠りし時、大神伺《うかが》ひ求め給ひし所、此れ則《すなは》ち是《こ》の郷なり。故《かれ》、宇賀《うか》と云ふ。（出雲郡）

朝山《あさやま》の郷……神魂命《かみむすひのみこと》の御子、真玉着玉之邑日女命《またまつくたまのむらひめのみこと》坐《いま》す。その時、天の下造らしし大神大穴持命《おほなむちのみこと》、娶《あ》ひ給ひて、朝毎《あさごと》に通ひ坐《ま》しき。故《かれ》、朝山《あさやま》と云ふ。（神門《かむと》郡）

三つ目の加賀《かか》の神埼《かむざき》の神話の舞台は、岬の先端にあいた巨大な洞窟であり、現在は「加賀《かか》の潜戸《くけど》」と呼ばれる観光名所である（第Ⅲ部扉参照）。暗黒の洞窟を神が弓矢で射抜いたという話である。カミムスヒはその主人公の一人であるキサカヒメ（赤貝のヒメ）の祖神であるという。

この神話を含め、カミムスヒは、出雲の各地に祀られていた土地固有の神々の祖神として登場している。しかしカミムスヒが天上界に居を構えていて、その御子神が天降ってきたという話にはなっていないのだ。これらの神話からは、カミムスヒが天つ神であり、それぞれの土地の神が天つ神の子孫であるという雰囲気すら伝わってこない。

さきほど挙げた楯縫郡総記のカミムスヒ像が、他の記事に見えるカミムスヒ像とはだいぶ趣きが違うことに気づくだろう。やはり、杵築大社建造の話は、大和王権の〈建国神話〉の影響下に作られた新しい〈神話〉であると考えるのが穏当なのである。

帰ってきたカミムスヒ

さて、先に引用した日本書紀一書の国譲りは、オホナムチが天孫に葦原中国の「顕露《あらは》の事」つまり現実世界の政治を譲り、オホナムチは「神事」を担当するというのであり、いわば祭政の分掌に近い形で行われていた。これは出雲側にとって最も有利な形での国譲りであると言えるだろう。だから出雲国風土記が採用したのだと思う。

ただし、日本書紀と出雲国風土記とでは決定的に違う点がある。それは、杵築大社建造の司令神である。日本書紀ではタカミムスヒであるのに、出雲国風土記ではカミムスヒになっているのだ。ここには出雲国風土記の意図があるはずだ。タカミムスヒは皇室系のムスヒ神（造化神）で、出雲国風土記には一度も登場しない。それを出雲ゆかりの祖神に換えた上で、〈建国神話〉を受け止めたものと推察される。

タカミムスヒ・カミムスヒという両ムスヒ神についても第3章で詳しく述べた。出雲系のカミムスヒも、古事記・日本書紀の編纂当時には、既に〈建国神話〉の中に定着していたと思われる。とりわけ古事記では、タカミムスヒと並んで高天原に成った「別天《ことあま》つ神《かみ》」である。両ムスヒ神の活動を簡単に振り返っておこう。

①両ムスヒ神を含む「別天つ神」はイザナキ・イザナミに国土の「修理固成」を指令する。

これが古事記における国作りの端緒である。「修理」という語は、完全な姿に整え正す意味であって、つまり古事記の国作りが両ムスヒ神の理想とする国土の実現に向けてなされていることが宣言されているのである。

②カミムスヒはスサノヲとともに、五穀の種子の出現に与《あずか》り、オホクニヌシの成長を助ける。さらにスサノヲの子孫であるオホクニヌシ等に国作りを指令する。

③いっぽうのタカミムスヒは、アマテラスとともに葦原中国の平定を指揮し、その結果、オホクニヌシの国譲りに至る。その後、天孫降臨を指令し、さらに初代神武を支援する。

神武への支援を最後に「別天つ神」が現れることはなく、天下の統治者の決定をもって「別天つ神」の理想の国土が実現されたと読むことができる。

古事記において、両ムスヒ神は一つの理想を持った「別天つ神」として広義の国作りを指令するのであるから、カミムスヒが公認するオホクニヌシの国作りと、タカミムスヒの意思に基づくオホクニヌシの国譲りとは、ともに「別天つ神」によるただ一つの国作りの過程であることになる。オホクニヌシの国作りは、その国譲りをも了解することで、初めて正当性を持つという仕組みになっているのである。

出雲の国作りの神オホナムチ、出雲ゆかりのカミムスヒの存在を公認しながら、最終的には大和王権が国を統治したと説く〈建国神話〉の構想をそこに読み取ることができるのである。楯縫郡総記のカミムスヒは、右に述べたような〈建国神話〉の天つ神の姿を見せているのだ。大和王権の〈建国神話〉が出雲のカミムスヒを利用し、今度は出雲国風土記がそれを受け止めて、杵築大社の建造を説く新しい〈神話〉のために利用したのだ。

†天の下造らしし大神――二種の国作り

オホナムチはとても長い呼称を持っている（傍線部）。次の二つの記事を見てみよう。

出雲の神戸《かむべ》……伊弉奈枳《いざなき》の麻奈子《まなご》に坐《いま》す（愛しい子供でいらっしゃる）、熊野加武呂乃命《くまのかぶろのみこと》と五百《いほ》つ鉏々《すきすき》猶《な》ほ取《と》り取《と》らして天《あめ》の下造《したつく》らしし大穴持命《おほなむちのみこと》と、二所《ふたところ》の大神等《たち》に依《よ》さし奉《まつ》る。故《かれ》、神戸《かむべ》と云ふ。（意宇《おう》郡）

「五百《いほ》つ」は「五百個」の意で数の多いことを言う慣用句の一つ。「鉏《すき》」は土を掘り返す農耕具である。だから、「五百《いほ》つ鉏々猶《すきすきな》ほ取《と》り取《と》らして……」には、たくさんの鋤《すき》を手にして、力強く土地を開墾する国作りの神の姿が見えるのだ。「大《おほ》」+「地《な》」+「貴《むち》」という名前（神格）にいかにも似つかわしい姿だと言えよう。オホナムチとスクナヒコによる国作りが、大地の神と小さな種の神による農耕レベルの国作りであること、先に述べたとおりである。

ところが、呼称の後半部「天の下造らしし」がどうもおかしい。どうおかしいかは後で述べることにして、もう一つの長い呼称を見ておこう（傍線部）。

杵築郷《きつきのさと》……八束水臣津野命《やつかみづおみづぬのみこと》の国引《くにひ》き給《たま》ひし後《のち》、天の下造らしし大神の宮、奉《つか》へまつらむとして、諸《もろもろ》の皇神《すめがみ》たち、宮処《みやところ》に参《まゐ》り集《つど》ひて杵築《きつ》きき。故《かれ》、寸付《きつき》と云《い》ふ。（出雲郡）

杵築大社の建造を伝える記事である。ヤツカミヅオミヅヌの国引きは、出雲国風土記の中でおそらく最も有名な話であり、島根県松江市には「くにびき大橋」「くにびきメッセ」などそれに因んだ名前の施設があり、島根国体は「くにびき国体」と名づけられた。

国引きの大略を紹介しておこう。オミヅヌは、出雲は狭い国だと言って、朝鮮半島の新羅や北陸の越《こし》の国など四つの国から、国の余った所を切り取って、それに綱をかけてゆっくりゆっくりと引いてきて、出雲に新たな国土を縫い足していった、というものである。

この話には出雲の地形が関係している。出雲の国は、入海（現在の宍道湖と中海）を挟んで、南北に分かれたような地形である。南側が中国山地から続く本土側で、北側が島根半島である。国引きは、本土側に島根半島をつないでいくという確かにスケールの大きな話である。「八束《やつか》水臣津野命《みづおみづぬのみこと》の国引き給ひし後……」には、ヤツカミヅオミヅヌの国引きを引き継いで、出雲の国土を造成した壮大な国作りの神の姿があるのだ。ところでこの場合にも、後半の「天《あめ》の下造《したつく》らしし」がしっくりこないのである。

さて、なぜ「天の下造らしし」がおかしいのか。それは「天の下」という世界観の問題である。「天の下」という語は漢語「天下《てんか》」の翻訳語であるが、「天下」とはそもそも中華思想に基づく帝国の呼称である。日本の上代文献に散見する「天の下」も、天皇が統治する政治色の濃い国家の呼称なのであり、物理的に存在する土地の意味でも、豊かな作物を育む土壌の意味でも、オミヅヌが引いてきた島根半島という特定の地域を指す語でもないのだ。

出雲国風土記がオホナムチの呼称とする「天の下造らしし大神」には、国家レベルの国作りの神であるオホクニヌシ像が反映されているのである。だから、この二つの長い呼称には、農地開拓レベルで出雲の国作りをした神の姿と、〈建国神話〉において「天の下」を経営した大神という、レベルの異なる国作りの神の姿が共存しているのである。

特に「五百《いほ》つ鉏々猶《すきすきな》ほ取《と》り取《と》らして天《あめ》の下造《したつく》らしし大穴持命《おほなむちのみこと》」は、「たくさんの農具を手にして、天下を経営したオホナムチ」というように、呼称の前後にレベルの異なる国作りの神の姿が現れており、全体がギクシャクとしているのである。この呼称には、出雲の神話（あるいは〈神話〉）世界と中央の〈建国神話〉との間を往来したオホナムチの遍歴、つまり「オホナムチ→オホクニヌシ→天の下造らしし大神」という履歴が凝縮されているのである。

†越のヒメとの結婚

さらに、古事記の〈神話〉を下敷きにしたと思しきオホナムチの〈神話〉がある。

美保郷《みほのさと》……天《あめ》の下造《したつく》らしし大神の命《みこと》、高志《こし》の国に坐《いま》す神、意支都久辰為命《おきつくしゐのみこと》の子、俾都久辰《へつくし》為命《ゐのみこと》の子、奴奈宜波比売命《ぬながはひめのみこと》に娶《あ》ひたまひて、産《う》ましめし神、御穂須々美命《みほすすみのみこと》、是《こ》の神坐《いま》す。故《かれ》、美保《みほ》と云ふ。（嶋根郡）

この地名起源説話の形成過程はおよそ次のように推定することができる。

もともと地名は、土地の風土や地勢による場合が多い。ミホの「ホ」は、稲穂、波の穂（波頭）、炎《ほのほ》（火の先）などの「ホ」と同じく、「先端」を意味する語であったと思われる。つまり、ミホとは海に突き出た岬の先端という意味の地名であったのだ。その名の通り、ここはまさしく島根半島の先端に位置している。

そして、その地の神として、地名を冠したミホススミが信仰されるようになった。そこから今度は逆に、神名に基づいて地名起源神話が作られたというわけである。これは一般的な地名起源説話の形成過程であって、出雲国風土記の中にも、

山代郷《やましろのさと》……天《あめ》の下造《したつく》らしし大神の命《みこと》の御子、山代日子命《やましろひこのみこと》坐《いま》す。故《かれ》、山代《やましろ》と云ふ。（意宇《おう》郡）

など例が多い。地名ヤマシロはもともと「山の後ろ」を意味していたと思われる。京都府の一部に当たる「山城国《やましろのくに》」も奈良の都から見て「山の後ろ」にあることに因んだ名称で、故に「山背《やましろ》」と書くこともあった。出雲のヤマシロも、郡家《ぐうけ》から見れば神名樋野《かむなびの》（茶臼山《ちやうすやま》）の背後に位置する。その地に鎮座する神としてヤマシロ（地名）＋ヒコ（男）が信仰されていて、後にその神を根拠とした地名起源が生まれたのだ。地名起源に厚みを持たせるべく、天《あめ》の下造《したつく》らしし大神、つまりオホナムチの子としている点でも美保郷の場合と共通する。図示すると次のと

おりである。

風土や地勢（○○な土地である）

←

地名○○

←

神の信仰（○○ヒコ・○○ヒメ・○○ノ大神など）

←　地名起源説話（由緒ある○○ヒコが坐すから）

地名○○

さて、話を美保郷《みほのさと》条に戻すと、オホナムチは、なぜか越《こし》の国のヌナガハヒメと婚姻している。ヌナガハは『和名抄』に「越後国頸城郡沼川郷《くびきのこほりぬなかはのさと》」とある地である。ヌナガハヒメはその地のヒメ、つまりその地を代表する女の意味で、恐らくは土地の神を祀る能力を有した女性であったろう。

男の王が各地のヒメと婚姻することは、その地の宗教的支配権の獲得を意味していたと言われている。だとするとこの〈神話〉は、オホナムチの支配力が遠く北陸にまで及んだということを意味していることになる。神が国境を越えて遥か遠くの国まで妻訪いに出掛けるというのは、その神の本来の信仰圏で作られる神話の発想なのであろうか。前に取り上げた「越《こし》の八《や》口《くち》」の話と同じように、ここのオホナムチには既に支配者、王としての姿が見えている。この妻訪いの話が、次にあげる古事記の「神語《かむがたり》」と関係することは明らかである。

此《こ》の八千矛神《やちほこのかみ》、高志国《こしのくに》の沼河比売《ぬなかはひめ》を婚《よば》はむとして、幸行《い》でましし時、其の沼河比売の家に到りて、歌ひたまひしく、「八千矛《やちほこ》の　神の命《みこと》は　八島国《やしまくに》　妻枕《つまま》きかねて　遠遠《とほとほ》し　高志《こし》の国に　賢《さか》し女《め》を　有《あ》りと聞かして……」

ヤチホコはオホナムチ・オホクニヌシの別名である。右のヤチホコの歌の中にも「八千矛《やちほこ》の神の命《みこと》は」とあるから、ヤチホコとヌナカハヒメとの歌謡物語が原型で、それを古事記が、ヤチホコ＝オホナムチ＝オホクニヌシとして、〈オホクニヌシ神話〉の文脈の中に取り込んだと考えるのが自然である。

ここでヤチホコは「遠遠《とほとほ》し」越《こし》の国にまで支配権を広げたことになる。ヌナカハが越の中でも、越後国に属することは先に引用した『和名抄』の通りであるが、越後国は北陸道の終点の地である。その地までをも支配して、いよいよ「大」いなる「国主」が誕生するのである。

さて、ヌナカハヒメと結婚するのはそもそもヤチホコであった。そしてそのヤチホコが、古事記〈神話〉の構想によって、オホナムチと同神とされ、オホクニヌシのことだということになった。オホナムチとヌナカハヒメとの婚姻伝承などは、もともとなかったのだ。

美保郷条の話は、古事記における二つの事がら、つまり「ヤチホコとヌナカハヒメとが婚姻する」こと、そして「ヤチホコとはオホナムチ・オホクニヌシのことである」ということを前提として、初めて成り立ち得る内容なのである。その逆は考えにくい。

ただ美保郷条と古事記の「神語《かむがたり》」の間には違いもある。古事記の場合、ヤチホコ＝オホナムチとヌナカハヒメとの間に子供はいない。出雲国風土記では二人の間にミホススミが誕生し、その神の名から地名が起こったことになっている。古事記の〈神話〉を使って、土地の神に因んだ地名起源説話の権威づけを意図したのであろう。

以上、オホナムチの〈神話〉を中心に、出雲国風土記の〈神話〉が〈建国神話〉の享受の上に成り立っているとの見解を述べてきた。出雲国風土記は、大和王権の〈建国神話〉を受け入れながら、そこに独自の主張を盛り込む形で、出雲の〈神話〉世界の再構築を目指したのではないだろうか。

3 出雲神話世界の再構築

†空間的神話世界と神代の時間軸

オホナムチの〈神話〉以外にも、古事記・日本書紀の〈建国神話〉の享受の跡を残す、新しい〈神話〉がある。

古志郷《こしのさと》……伊弉弥命《いざなみのみこと》の時、日淵川《ひぶちがは》を以《もち》て、池を築造《きづ》き。その時、古志《こし》の国人等《くにびとら》、到来《きた》りて堤《つつみ》を為《つく》り、宿《やど》り居《を》りし所なり。故《かれ》、古志《こし》と云ふ。(神門《かむと》郡)

はたして「伊弉弥命《いざなみのみこと》の時」とはいつのことなのだろうか。天地創成から比較的間もない頃のことだろうか。確かにイザナキとイザナミはオノゴロ島に天降って大八嶋国《おほやしまぐに》を生み、イザナミはその後、火の神であるカグツチを生んで死んだのだから、おおよそ「神代《かむよ》」の初めの頃であろうと、古事記・日本書紀の〈建国神話〉を知る者は、この「時」を推定することができる。

ただし、この「時」は出雲国風土記の内部からはまったく見えてこない。そもそも土地ごとに伝えられていた神話や地名起源伝承では、時間としてはイニシへとイマがあるだけで、連綿と続く歴史的な時間軸など存在しないのである。「いにしえ神がこうした」→「だから今、この村や人はこうなのだ」という時制しか持ち得ないのだ。だから、この「伊弉弥命の時」は〈建国神話〉のような「神代」の時間軸を前提として初めて理解することができるのであり、出雲国風土記がその知識を前提として書かれているということでもある。

　風土記の神話世界があるとするならば、それは空間的な広がりを持つ世界であろう。ある郷にはこのような神話があり、その隣の郷にはまたこのような神話があり、北の川は某神が支配していて、東の山の頂上には某神が鎮座している。このように郷ごと土地ごとの神話を合せて見えてくるのは空間的神話世界に他ならない。

　ここで国引きについて考えてみたい。先ほど触れたように、出雲の本土に島根半島を結びつけたという、いわば空間を扱った話である。その冒頭部を見てみよう。

　意宇《おう》と号《なづ》くる所以《ゆゑ》は、国引き坐《ま》しし八《や》束水臣《つかみづおみづ》津野命《ぬのみことの》詔りたまひしく「八《や》雲立《くもた》つ出雲の国は、狭《さ》布《ぬの》の稚国《わかくに》なるかも。初国《はつくに》小《ち》さく作れり。故《かれ》、作り縫はむ」と詔《の》りたまひて……

「意宇《おう》と号《なづ》くる所以《ゆゑ》は」というのは、意宇郡の郡名起源の形をとっているためであり、最後は「故《かれ》、意宇《おう》と云ふ」で結ばれている。

さて、国引きの前提としての「初国小さく作れり」とはどのような国作りであったのか。出雲国風土記の内部にそのことは明記されていない。ただ、繰り返し述べてきたように、出雲国風土記は古事記・日本書紀の〈建国神話〉の存在を前提にして、時にそれに対抗し、時にはそれを利用している。〈建国神話〉を前提として、イザナミの「時」を設定していたし、イザナキを出雲の神々の祖と位置づけるようなこともしている（意宇《おう》郡出雲神戸《いづものかむべ》・嶋根郡千酌駅《ちくみのうまや》）。

このような状況のもとで国引きの〈神話〉を読めば、「初国小さく作れり」という最初の国作りを、「イザナキ・イザナミの国生み」と理解するのが必然ではないだろうか。そうだとすれば、オミヅヌの国引きは、イザナキ・イザナミの国生みを前提に行われたことになる。

つまり、「国生み」と「国引き」という別個な国土造成の話が時間軸上に配置されて、「国生み→国引き」という展開が一つの国作りとして再構成されたということである。本来は空間的であるはずの風土記の神話世界に、〈建国神話〉の時間軸を持ち込んだということである。これによって、出雲国風土記は何を言おうとしているのだろうか。

古事記や日本書紀の〈国生み神話〉を認め、その上で、出雲の神が作った出雲独自の空間があることを主張しているように思うのだ。そして、「八束水臣津野命《やつかみづおみづぬのみこと》の国引き給《たま》ひし後、天《あめ》の下造《したつく》らしし大神の宮」、つまりオホナムチの鎮座する杵築《きつき》大社（出雲大社）は、その国引きされた土地の内に築かれることになるのである。

†風土記による新しい〈神話〉作り

地方の神話を利用しながら、大和王権の〈建国神話〉が作られた。たとえば、「確かにオホナムチは国作りの神であったが、実はその国を皇祖に譲ったのだ」という具合に。そしてまた風土記の〈神話〉が〈建国神話〉の享受の上に創造されてゆく。たとえば、「確かにオホナムチは皇祖に国譲りをしたが、実は出雲一国だけは守ったのだ」という具合に。

新しい〈神話〉は、既存の神話や〈神話〉に拘束されながら、その代償として「神話力」を維持し、常に再生産されてゆくのである。

4　ヲロチ退治はなぜ風土記にないのか

†「なぜないのか」を問うことの意味

スサノヲのヲロチ退治は「日本神話」の中で最も有名な話の一つであり、「出雲神話」の代表と言ってもよいだろう。それが当の出雲国風土記には存在しないのである。この点、出雲国風土記の最大の謎とされている。

古事記、日本書紀の〈神話〉によると、天上界を追われたスサノヲは出雲国の肥《ひ》の河の上流、鳥髪《とりかみ》という地に降り立ち、そこでヤマタノヲロチを退治してクシナダヒメを救った。その後、自らの宮殿を築くべき土地を求めて須賀《すが》の地に到り、「我《あ》が御心《みこころ》須賀須賀《すがすが》し（清清し）」と心境を吐露し、そこから「須賀」の地名が起こったという。

鳥髪は出雲国風土記の仁多《にた》郡の条に「鳥上山《とりかみやま》」とある地で、この山は現在の島根県仁多《にた》郡奥《おく》出雲《いずも》町と鳥取県日野郡日南《にちなん》町との境界にある船通山《せんつうざん》（一一四二メートル）である。まさしく中国山地の真ん中、山間の地である。そこから肥の河を下り、途中、島根県雲南《うんなん》市神原《かんばら》付近で支流の赤川《あかがわ》に入り、しばらく遡ったところに須賀の地がある。出雲国風土記の大原郡に「須我《すが》山《やま》」「須我小川《すがのをがは》」「須我社《すがのやしろ》」とある辺りだ。鳥髪から須賀まで、スサノヲのたどった足取りは、川の流れに沿った合理的な道順であるから、当時の出雲人にも実感を持って受け止められたに違いない（第2章図1参照）。ところがこの一連の話が、出雲国風土記のどこにもない。

出雲国風土記は現存する五ヶ国の風土記の中で唯一の完本である。嶋根郡の一部（加賀郷《かかのさと》条と神社名列記の条）に欠損があるものの、巻頭の書名から、巻末の奥書までほぼ完全な形で書写されてきた。だから、「なぜないのか」を問うことができるのである。

また当国風土記では、各郡の記事が、整然としたフォーマットに従って記されていて、出雲国造の管理のもとで首尾整えられた、いわば完成体なのである。さらに、出雲国風土記は体系化された〈神話〉世界を持っている。古事記や日本書紀の〈建国神話〉のように時間軸に沿った文脈を形成してはいないのだが、それでも郷《さと》や駅《うまや》や神戸《かむべ》（特定の神社が所管する民戸）など、行政区画や施設ごとに記された小さな伝承の集合体が、意図された一つの〈神話〉世界を形作っていると言える（小村宏史『古代神話の研究』新典社）。だから、「なぜないのか」を問うべきなのである。

従来、出雲国風土記は、古事記・日本書紀が伝える〈建国神話〉からの影響が比較的少ないとされ、風土記から中央の〈建国神話〉へという方向ばかりが論じられる傾向にあった。「出雲に根ざした、潤色や誇張のない神話群が、出雲国風土記のすみずみまでを彩っている」とまでも言われてきた。もちろん土地で伝承されてきた神話もたくさん記されているし、〈建国神話〉と内容の重複が少ないことも事実である。ただ前節でも見たように、〈建国神話〉を享受した上に作られた新しい〈神話〉も確実に存在し、風土記全体を通して、新しい〈出雲神話〉の世界が構築されてもいる。中央の〈建国神話〉の影響下にあることを表明しているような書き方さえ認められるのである。だから、神田典城（前掲書）が、神話の不採用ということまでを視野にいれて、当国風土記の評価を試みているのは注目に値する。

ここで、前節に見た古事記・日本書紀の〈神話〉に対する出雲国風土記の態度を次のようにまとめておこう。

①記・紀の〈神話〉を利用しながら新たな〈神話〉世界を構築している。

②記・紀の〈神話〉を享受する際、それとは異なる主張をそこに乗せている。

③記・紀の〈神話〉とそっくり同じ内容を掲載している例はない。

かりにヲロチ退治が出雲に根生《ねお》いの神話ではなく、中央の〈建国神話〉が創作したものであると仮定しても、それを「なぜ採らなかったのか」を問わねばならないのである。

†〈記紀神話〉の容認――『古語拾遺』

第4章で扱った『旧事紀』とは違う形で、〈記紀神話〉の網羅を意図した書物がある。忌部《いんべ》氏の氏文《うじぶみ》『古語拾遺』である。その序には編纂の趣旨が記されている。

国史、家牒《かてふ》、其の由《よし》を載《の》すと雖《いへど》も、一二の委曲《ゐきよく》、猶《な》ほ遺《も》れたる有《あ》り。

国史とは大和朝廷が編纂した史書、つまりは古事記と日本書紀のことである。家牒《かてふ》とは臣下の氏族に伝えられている記録のようなものを言う。これらは確かにこの国の由緒を記しているが、一つ二つ漏れたところがあるから、それを補うというのである。

『古語拾遺』の〈神話〉は断片的であって、首尾の通ったものとして読むことは難しい。序にあるとおり、国史としての〈建国神話〉を前提として書かれているのである。『古語拾遺』の場合、書くところに自己主張があり、書かないところには〈建国神話〉をそのまま是認し、その力に頼ろうという意図を認めることができるのである。ただ、古事記・日本書紀の〈神話〉諸伝は互いに異伝関係にあるのだから、それらの内容の全てを同時に成り立たせることは不可能である。『古語拾遺』が頼りにした〈建国神話〉とは、古事記とも日本書紀の主文とも特定されない、漠然とした〈建国神話〉の筋書き、つまり〈記紀神話〉でしかないだろう。多くの違いを含みながら共存する諸伝を大観した時に見えてくるバーチャルな〈体系神話〉である。『古語拾遺』は書かないことによって、そして偽書である『旧事紀』は諸伝を網羅的に書くことによって、それぞれ〈建国神話〉の「神話力」を頼りにしたということである。

さて、出雲国風土記はヲロチ退治をなぜ不採用としたのであろうか。既存の〈神話〉を知った上で無視することは、それをそのまま容認することにもなりかねない。

出雲国風土記には、古事記や日本書紀の〈神話〉を享受した跡が認められる。だから、ヲロチ退治が出雲に根生《ねお》いのペルセウス・アンドロメダ型神話であれ、大和王権が列島のどこかで伝承されていたペルセウス・アンドロメダ型神話を使って拵えた〈建国神話〉であれ、それを載せないことは、何らかの意思表明をしたことと同じなのである。〈神話〉の場合、それを書くことも、書かないことも、自己主張になり得るのだ。だから、「なぜないのか」を問わなければ、出雲国風土記の〈神話〉を読んだことにはならないのである。

†異界を描かない風土記

「風土記」は地誌であり、古事記・日本書紀の体裁は史書である。そこには自ずと性格上の違いがある。

次の二点を確認しておきたい。第一点目は、出雲国風土記には神話的異界が現れないという点である。天上界にカミムスヒがいて、その宮殿が「天日栖宮《あめのひすみのみや》」である（楯縫《たてぬひ》郡総記）が、天上界についてそれ以上には具体的な記述がない。アメノフヒ（意宇《おう》郡屋代郷《やしろのさと》）のほか、地名起源となる神々の「天降り」が記されるにもかかわらず、それらの原郷としての天上界のありさまはまったく記されることがない。また「黄泉之坂《よみのさか》」「黄泉之穴《よみのあな》」（出雲郡）はあり、人の死に関わる俗信が記されているが、古事記・日本書紀が描くような異界としての黄泉国は見えない。

そのほか、古事記・日本書紀に見える根堅州国《ねのかたすくに》、常世国《とこよのくに》、海神《わたつみ》の支配する国も、また出雲独自の異界も現れることがない。前に述べたように、天上界を描かないことは、古事記・日本書紀の高天原をそのまま容認するという消極的な意思表示ととるべきだろう。では、その他の異界についてはどうだろうか。それには、風土記という書物の性格が関わっているように思う。

第二点目は、ほとんどの〈神話〉が「故云㆓〇〇㆒」（かれ、〇〇と云ふ）という地名起源に結びついている点である。地名の由来を結末としない伝承は、わずかに次の三つに過ぎない。

① 意宇《おう》郡毘売埼《ひめさき》の語臣猪麻呂《かたりのおみゐまろ》の伝承（猪麻呂が、神々の冥助を得て、娘を殺した仇のワニに復讐をした。）

② 嶋根郡加賀神埼《かかのかむさき》の伝承（岬の暗い岩窟の中で、キサカヒメがサダノ大神を出産した。暗黒の岩窟は金の弓矢で射抜かれた。）

③ 楯縫《たてぬひ》郡神名樋山《かむなびやま》の伝承（アメノミカジヒメが、出産の場所を求めてこの山の頂上に来て、そこでタキツヒコを出産した。）

いずれも、実在する岬や山にまつわる小さな神話である。②では「今の人、是《こ》の窟《いはや》の辺《ほとり》を行く時、必ず声磅磕《とどろ》かして行く。若《も》し密《ひそ》かに行かば、神現れて飄風《つむじ》起こり、行く舩《ふね》は必ず覆《くつがへ》る」、

③では「いはゆる石神は、即《すなは》ちこれ多伎都比古命《たきつひこのみこと》の御託《みよさし》なり。旱《ひでり》に当りて雨を乞《こ》ふ時、必ず零《ふ》らしむるなり」というそれぞれの土地の俗信の起源となっていて、地名ではないがその土地の現在につながっているのである。

風土記はあくまで地誌であり、記事は地名ごとに記されていくから、現実の地名や、土地の俗信に関わらないことを、敢えて記す必要もないし、その機会もないということなのである。だから、たとえば黄泉国を描かないことに、出雲国風土記としての意思表示があるとも限らない。

このようなことを踏まえると、高天原を舞台にしたアマテラスとスサノヲのやりとり、根堅州国という異界におけるスサノヲやオホナムチの活動、また出雲の土地に関わらない稲羽の素兎の話（以上、古事記）や、スサノヲとその子イタケルの新羅降臨（日本書紀）などは、風土記として必ずしも取り上げる必然性がなかったのだ。

また地誌であって〈歴史〉ではないから、『旧事紀』などの〈神話〉とも事情が異なり、古事記・日本書紀の神代の〈歴史〉=〈建国神話〉の全てに対応する義務もなかったのだ。

だが、ヲロチ退治は紛れもなく出雲の土地を舞台にしている。その結末にあたる須賀の宮の造営は、みごとに地名起源になっているし、スサノヲのたどった道は、出雲の地理にかなっていた。だから、ヲロチ退治から須賀の宮の造営にいたる〈神話〉を載せないことは、出雲国風土記としての意思表示に違いないのだ。

†スガスガシという地名起源

当国風土記のスサノヲには、怪物を刀剣で斬り殺すような武神らしさがない。第2章で述べたように、素朴な地方神「須佐の男」でしかないのである。その神名を、スサブと意味づけなおしたところに、古事記・日本書紀の〈神話〉のような勇猛果敢なスサノヲ像が創り出された。やはり、ヲロチ退治も中央の〈神話〉として創られたものであるかもしれない。

ただ、出雲国風土記は古事記・日本書紀の〈神話〉を享受していた。その上で、それに異説を唱えたり、それに何かを加えて利用したりした。古事記にも日本書紀にもあるヲロチ退治やスガスガシの地名起源を知らなかったということはあり得まい。

須賀の地名起源は、スサノヲによる土地の祝福の意味を含んでいる。このスサノヲには武神らしさがなく、土地に鎮座する地方神の姿が見られるだろう。古事記・日本書紀それぞれの〈神話〉を確認してみよう。

> 速須佐之男命《はやすさのをのみこと》、宮造《つく》作るべき地《ところ》を出雲国に求《ま》ぎたまひき。爾《ここ》に須賀《すが》の地に到りまして詔《の》りたまひしく「吾此処《あれここ》に来て、我《あ》が御心《みこころ》須賀須賀《すがすが》し」とのりたまひて、其地《そこ》に宮を作りて坐《ま》

しき。故《かれ》、其地《そこ》をば今に須賀《すが》と云ふ。茲《こ》の大神、初めて須賀の宮を作りたまひし時、其地《そこ》より雲立ち騰《のぼ》りき。ここに御歌《みうた》を作《よ》みたまひき。其の歌に曰《い》ひしく、

八雲立《やくもた》つ　出雲八重垣《いづもやへがき》　妻籠《つまご》みに　八重垣作る　その八重垣を

（中略）故《かれ》、其の櫛名田比売《くしなだひめ》を以《も》ちて、くみどに起《おこ》して（寝所で性交渉をもって）生める神の名は、八嶋士奴美《やしまじぬみの》神と謂《い》ふ。（古事記）

然《しか》うして後に、行《ゆ》きつつ婚《みあはし》せむ処《ところ》を覓《ま》ぐ（結婚に相応しい地を求めて旅を続けた）。遂《つひ》に出雲の清地《すが》に到ります（清地、此《ここ》をば素鵝《すが》と云ふ）。乃《すなは》ち言《い》ひて曰《のたま》はく「吾《わ》が心清清《こころすがすが》し」とのたまふ。（此《これ》今、此《こ》の地《ところ》を呼びて清《すが》と曰《い》ふ）。彼処《そこ》に宮を建《た》つ。（或《ある》に云《いは》く、時に武素戔嗚尊《たけすさのをのみこと》、歌《うたよみ》して曰《のたま》はく、「八雲立つ　出雲八重垣　妻ごめに　八重垣作る　その八重垣ゑ」。）乃《すなは》ち相与《とも》に遘合《みとのまぐはひ》して、児大己貴神《みこおほなむちのかみ》を生む。（日本書紀第八段主文）

日本書紀の場合は「或《ある》に云く」と異伝を含みながらであるが、古事記・日本書紀は大筋で同じ内容を伝えていると言えよう。

†地名起源・神からの祝福

神が巡行し、その末にこの地に到り、自身の心境を吐露し、その心境に基づいて地名が起こる。これは地名起源説話のひとつの定型であり、出雲国風土記にも例を見ることができる。

安来郷《やすきのさと》……神《かむ》須《す》佐《さ》乃《の》烏命《をのみこと》、天《あめ》の壁《かき》（水平線・地平線の彼方まで）立《た》ち廻《めぐ》り坐《ま》しき。その時、此処《ここ》に来坐《きま》して詔《の》りたまひしく「吾が御心《みこころ》は安平《やす》けく成《な》りぬ（安らかになった）」と詔《の》りたまひき。故《かれ》、安来《やすき》と云《い》ふ。（意宇《おう》郡）

拝志郷《はやしのさと》……天《あめ》の下造《したつく》らしし大神の命《みこと》、越《こし》の八《や》口《くち》を平らげむと為《し》て幸《い》でまし時、此処《ここ》の樹林茂盛《はやししげ》れり。その時詔《の》りたまひしく「吾が御心《みこころ》のはやし（心がはやしたてられる）」と詔りたまひき。故《かれ》、林《はやし》と云《い》ふ。……（意宇郡）

多太郷《ただのさと》……須《す》佐《さ》能《の》乎命《をのみこと》の御子、衝桙《つきほこ》等《と》乎《を》与《よ》留《る》比《ひ》古命《このみこと》、国巡《めぐ》り行《ゆ》き坐《ま》しし時、此処《ここ》に至り坐《ま》して詔《の》りたまひしく「吾が御心《みこころ》は照明《あか》く正真《ただ》しく成《な》りぬ（明るく正直になった）。吾は、此処《ここ》に静《しづ》まり坐《ま》さむ」と詔《の》りたまひて、静《しづ》まり坐《ま》しき。故《かれ》、多太《ただ》と云《い》ふ。（秋鹿《あいか》郡）

「安平《やす》けく」→「安来《やすき》」、「はやし」→「林《はやし》」、「正真《ただ》しく」→「多太《ただ》」と、心境と地名とが対応している。それぞれの土地が神に選ばれ、神によって祝福されたという意味を持っているために、たとえば「苦し」などの負の心境はこの場合には適さない。簡単に図示しておこう。

神が巡行
←
この地に至って心境を吐露「私の心は○○になった」
←
地名○○

このような典型的な地名起源の神話が出雲国風土記には複数存在している。

†なぜ「スガスガシ」を書かないのか

スサノヲの本貫である出雲国の風土記が、なぜスサノヲのスガスガシを記さないのだろうか。

須賀という所は、出雲国の大原郡《おほはら》にある。第2章の地図（図1）で示したとおり、出雲国風土記の大原郡には、佐世郷《させのさと》・高麻山《たかあさやま》・御室山《みむろやま》の条にスサノヲに因んだ地名起源があって、この地方にスサノヲの信仰がなかったわけではない。須賀という地名も「須賀山《すがやま》」「須賀小川《すがのをがは》」と見える。ここで、大原郡の山野の記事を見ておきたい。省略せずに全文を載せる。

兎《う》原《はら》野《の》　郡家《こほりのみやけ》の正東《まひがし》にして即《すなは》ち郡家に属《つ》く。（郡庁の位置にある）

城《き》名《な》樋《ひ》山《やま》　郡家の正北《まきた》一里《さと》一百歩《あし》（郡庁の真北、約七百メートルの位置にある）。天《あめ》の下造《したつく》らし大神、大穴持命《おほなむちのみこと》、八十神《やそがみ》を伐《う》たむと為《し》て城《き》を造《つく》りたまひき。故《かれ》、城名樋《きなひ》と云ふ。

高麻山《たかあさやま》　郡家《こほりのみやけ》の正北一十里二百歩。高さ一百丈《つゑ》、周《めぐ》り五里。北の方《かた》に樫《かし》・椿等《つばきども》の類《たぐひ》有り。東と南と西の三つの方は並《なら》びに野なり（草山である）。古老《ふるおきな》の伝《つた》へて云《い》へらく、神須佐能袁《かむすさのをの》命《みこと》の御子《みこ》青幡佐草日古命《あをはたさくさひこのみこと》、是《こ》の山の上に麻蒔《あさま》き給ひき。故《かれ》、高麻山《たかあさやま》と云ふ。即《すなは》ち此の山の岑《みね》に坐《いま》すは其の御魂《みたま》なり。

須賀山《すがやま》　郡家の東北《うしとら》一十九里一百八十歩。（檜《ひ》・枌《すぎ》有り）

船岡山《ふなをかやま》　郡家の東北一十九里一百八十歩。阿波枳閇委奈佐比古命《あはきへわなさひこのみこと》の曳《ひ》き来居《きす》ゑたまひし船《ふね》、則《すなは》ち此の山是《これ》なり（曳航してきた船がこの山である）。故《かれ》、船岡《ふなをか》と云ふ。

御室山《みむろやま》　郡家の東北一十九里一百八十歩。神須佐乃乎命《かむすさのをのみこと》、御室《みむろ》造《つく》らしめ給ひて宿《やど》りたまひし所なり。故《かれ》、御室《みむろ》と云ふ。

以上が、大原郡の山野記事の全てである。出雲国風土記は、山や川や島など自然地名の起源をあまり記さないのであるが、大原郡の場合には、六つの山野のうち四つにまで山名の起源が記されている。しかもそのうちの二つにスサノヲが関わっているのだ。須賀山と御室山の位置を見ると、郡家からの方角・里程《りてい》（距離。一里は五三四メートル、一歩は一・七八メートルで、一里＝三〇〇歩）がまったく同じである。この二つの山はほとんど同じ位置にある。だから、まさしくスサノヲ神話の伝承地であったわけである。しかも、御室山の神話ではスサノヲが室を造らせて宿ったという。それにもかかわらず、「須賀山」には、例のスガスガシも、宮を作った話もなく、ただ郡家からの位置と杉・檜があるという記事を載せるのみである。ちなみに、須賀小川の条も、スサノヲにはまったく触れていない。

　ところで城名樋山の条では、オホナムチが八十神《やそがみ》を討伐することが書かれていた。オホナムチが八十神を追い払ったという話は、同じ大原郡の来次郷《きすきのさと》の条にも、次のように見える。

　来次郷《きすきのさと》……天《あめ》の下造《したつく》らしし大神詔《の》りたまひしく「八十神《やそがみ》は、青垣山《あをがきやま》の裏《うち》に置かじ」と詔《の》りたまひて、追《お》ひ廃《はら》ひし時、此処《ここ》に迨次《きす》き坐《ま》しき（ここで追いつかれた）。故《かれ》、来次《きすき》と云ふ。

「青垣山」は、前に引用した意宇《おう》郡母理郷《もりのさと》の条にも見えた。オホナムチが青垣山を廻らして出雲一国を守ったという内容である。どうやら八十神をめぐる二つの話は、オホナムチが出雲一国の支配神となる過程の話らしい。ところがこの「八十神」が、どのような性格の神々なのか、どのような出自の神々なのか、出雲国風土記には一切説明がないのである。説明がなければ、「多くの神々」という意味の一般名詞にすぎないことになる。八十神にはどの神が含まれるのか。ありとあらゆる神々の意味なのか。しかしながら、出雲国風土記には、オホナムチに追い払われるような神などいっさい登場しない。いったいなぜオホナムチが「八十神」を討伐して国を守るのか、意味が分からないのである。

ただし、古事記の〈神話〉を知る者にとっては、「八十神」とはオホナムチの兄弟のことであり、オホナムチがこれらを討伐して葦原中国の「大国主」になったというのは常識であった。この事情を知る者にとって、オホナムチの八十神征伐は常識なのだ。だから出雲国風土記の八十神征伐も違和感なく読めてしまうのである。二つの八十神討伐の話は、古事記の〈オホクニヌシ神話〉を利用して、それを出雲一国を統一する話に転用した新しい〈神話〉なのではないだろうか。おそらく大原郡にも古事記〈神話〉の影響が及んでいたのである。

以上のように、古事記のようなスガスガシの地名起源こそ、出雲国風土記の大原郡にあって然るべきだという状況ばかりが見えてくるのである。

†なぜヲロチ退治がないのか——大胆な推論

ヲロチ退治の内容は古事記・日本書紀の間でおおむね一致している。そこに見えるのは、出雲を代表する神の武勇伝である。それが出雲国風土記に採用されない理由について、これまでいくつかの説があった。

① 古事記・日本書紀の〈神話〉では、スサノヲが高天原の側の者として、他の出雲の神々より上位に位置している。
② 出雲のヲロチは、本来は崇拝すべき国土創成の水神であった。古事記・日本書紀の〈神話〉ではそれが歪められて、高天原側による出雲の王化の象徴的な存在にされている。

これらのことが、出雲側にとって不利であったために、ヲロチ退治が採用されなかったというのである（神田前掲書、小村前掲書）。〈神話〉の形成過程を視野に入れた示唆的な論であるが、ここでは敢えて、それとは異なる推論をしてみたい。

古事記・日本書紀のヲロチ退治に不都合があるならば、その点を改めることも可能であったように思う。いや、むしろ改めるべきだったのではないか。スサノヲは天つ神ではない、スサノヲが退治したのは水神ヲロチではなかったという具合に。

これまで見てきた〈神話〉享受の仕方からすれば、古事記・日本書紀の〈ヲロチ退治神話〉

の上に新たな出雲の主張を乗せて新しい〈ヲロチ退治神話〉を掲載すべきであった。出雲国風土記は、オホナムチの国譲りでさえ認め、ただし出雲一国だけは守ったと主張していたし、杵《き》築《つき》大社の造営記事では、天孫降臨神話の一部にさえ改変を施しているのである。このように考えてくると、古事記や日本書紀のヲロチ退治には、出雲の側にとってさしたる異論もなく、改める必要がなかったのではないか、とさえ思えてくる。

また前に見たように、スサノヲのスガスガシという地名起源は、出雲の代表的な神による土地への祝福であり、出雲にとって理想的なものでしかなかった。この場合のスサノヲは、勇猛なスサブ神ではなく、土地に鎮座する素朴な地方神としても相応しく、やはりなぜないかは大きな問題である。不都合な点があったのであれば、たとえば国譲りの場合と同じように、その点を修正して掲載することもできたはずである。

ここで大胆な推論をしてみたい。出雲国風土記は、古事記や日本書紀の中のむしろ不都合な〈神話〉をこそ取り込んで、まずはそれにある程度従順な態度を示しながら、必要なところに改変の手を加えていた。そして、不都合の少ない〈神話〉は敢えて掲載せず、古事記・日本書紀の〈神話〉をそのまま黙認するという立場をとったのではないだろうか。権威を持った〈建国神話〉の場合、敢えてそれに触れないことが、全肯定という意思表示にもなり得たように思う。その点、高藤昇が〈記紀神話〉を「尊重」する態度を指摘し（「記紀神話と出雲国風土記」

『講座日本の神話5　出雲神話』有精堂出版）、矢嶋泉が〈記紀神話〉を「前提」とした編述姿勢を説いている（「風土記におけるスサノヲ」『東アジアの古代文化』九一）のは示唆的である。

いうまでもなく出雲国造はいわゆる「律令国造《りつりょうこくぞう》」（大化《たいか》以前の正式な国の長官ではない）であって、その任と認められているのは出雲の神祇《じんぎ》祭祀《さいし》であった。律令制のもと、仏教も普及し、それが出雲にも及んでいた天平の時に、いかにして自身の立場を守り、伝統的な出雲の神祇祭祀を守ってゆくか、それが国造の最大の関心事であったように思う。古事記・日本書紀の〈建国神話〉の全てについて徒らに反応したりはせず、異議のある場合に採用して、ぎりぎり許される範囲で改変の手を加えた。「須佐《すさ》の男」であったスサノヲが、皇祖アマテラスの系譜に結び付けられ、勇猛果敢な「荒れスサブ男」とされたり、出雲ナンバーワンのオホナムチが国譲りの役を負わされるなど、どこまでを許容し、どこに異存を唱えることができるか、権威を持った国家の〈神話〉を相手にとったデリケートな作業であったに違いない。

出雲国風土記が作り出した新しい出雲の〈神話〉には、「日本」という国家の中で、いかに出雲が出雲らしくあり続けるかを模索した国造の苦悩が見えるようだ。

5　出雲が「日本」になった日

†「日本」を受け入れた出雲

大和王権の〈建国神話〉は、出雲の神々を公認し、それを利用し、王権国家の〈歴史〉を創造した。これは地方の神話が、それを伝承する人々に対して絶対的な「神話力」を持っていたからだ。こうして、村落共同体を形成、維持していた神話が、日本建国の〈神話〉に飲み込まれ、偽の共同体としての国家の上に君臨することになったのである。

〈建国神話〉を有する古事記が成立し、日本書紀も編纂の最終段階にあった和銅六年（七一三）に、風土記編纂の官命が発せられ、そこにも地方の神話の掌握という目的があった。今回の官命には、〈建国神話〉がどのように地方に浸透したか、言い換えれば、「日本」という国家の意識がどの程度まで地方に浸透していたかを把握する意味が含まれていたように思われる。

古事記・日本書紀の成立から時を経て成った出雲国風土記は、確かに〈記紀神話〉の存在を前提として、それに従順な態度を示しながら、そこに譲ることのできない最低限の自己主張を乗せ、出雲の神話世界を再構築した。言い換えれば、出雲の神話が、大和王権が創作した「日本」の〈神話〉を経て、新たな〈出雲神話〉になったということでもある。

天平年間、大和王権の「神話力」は確実に出雲を飲み込んでいたのである。出雲国風土記の新しい〈出雲神話〉の出来《しゅったい》、それは出雲が「日本」の一員であることを、高らかに宣言した瞬間でもあった。

†カミの信仰圏と行政区画

出雲国風土記の地名起源の〈神話〉は、そのほとんどが行政区画・行政施設としての国・郡・郷・神戸・駅に限られている。その点では、まさしく「日本」になった出雲の風土記であるとも言えるのだが、地名は決してそれだけではなかったであろう。

秋鹿《あいか》郡の郡名起源には、

秋鹿《あいか》と号《なづ》くる所以《ゆゑ》は、郡家《こほりのみやけ》の正北《まきた》に、秋鹿日女命《あいかひめのみこと》坐《いま》す。故《かれ》、秋鹿《あいか》と云ふ。

とある。郡名起源になっているのであるから、当郡におけるアイカヒメの信仰は絶大だったと思うのが普通であろう。秋鹿郡の神社列記を見てみよう。

佐太御子社《さだのみこのやしろ》　比多社《ひたのやしろ》　御井社《みゐのやしろ》　垂水社《たるみのやしろ》　恵杼毛社《ゑとものやしろ》　許曽志社《こそしのやしろ》　大野津社《おほのつのやしろ》　宇多貴社《うたきのやしろ》　大井社《おほゐのやしろ》　宇智社《うちのやしろ》（以上の一十所は並《なら》びに神祇官《かみつかさ》に在《あ》り）
恵曇海辺社《ゑとものうみべのやしろ》　同海辺社《おなじきうみべのやしろ》　奴多之社《ぬたしのやしろ》　那牟社《なむのやしろ》　多太社《ただのやしろ》　同多太社《おなじきただのやしろ》　出嶋社《いでしまのやしろ》　阿之牟社《あしむのやしろ》
田仲社《たなかのやしろ》　弥多仁社《みたにのやしろ》　細見社《ほそみのやしろ》　下社《しものやしろ》　伊努社《いぬのやしろ》　毛之社《もしのやしろ》　草野社《くさののやしろ》　秋鹿社《あいかのやしろ》（以上の十五所は並びに神祇官《じんぎかん》に在らず）

出雲国風土記の神社列記は、郡ごとに社格順であることが知られているが、アイカヒメを祀る秋鹿社《あいかのやしろ》は、当郡の神社列記の中で「神祇官に在らず」（神祇官の神社台帳に記載されていない）の最後にあげられている。このことは、本来の神の信仰圏と、「郡」という行政区画とが、まったく異なる価値観で形成されていることを示していよう。

当郡の筆頭神社は、サダノ大神を祀る佐太御子社《さだのみこのやしろ》であるが、サダノ大神の誕生は、隣の嶋根郡加賀神埼《かかのかむざき》の条にあり、その信仰圏は行政区画としての郡境を越えている。サダという地名は、「佐太川」とその下流の「佐太水海《みづうみ》」（ともに秋鹿郡に記載）に見ることができるが、この河川は嶋根郡と秋鹿郡との郡境を流れて宍道湖に注ぐ。国引き神話の中には「狭田《さだ》の国」なる地名が出てくるが、それはこの辺りに相当するだろう（図9）。そしてこれが行政区画としての郡

図９　サダの国

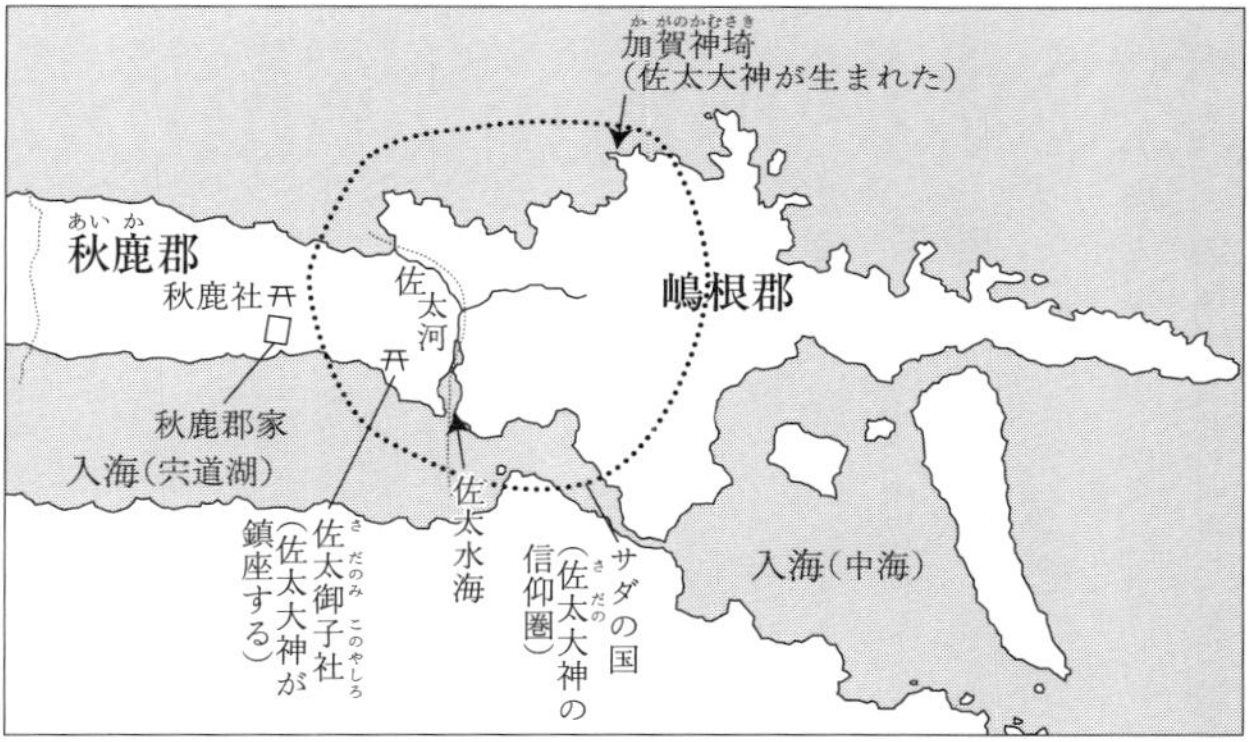

境を跨いだ、サダノ大神を頂く共同体だったのではないだろうか。ただ、出雲国風土記は、そうした本来の信仰圏よりも、行政区画としての「郡」「郷」制を規準にしているわけだ。

同様のことは、飯石《いひし》郡についても言える。飯石郡の名の由来は、飯石郷《のさと》に鎮座するイヒシツベという神の名によるというのだが、その神を祭り、まさに飯石の地名を持った飯石神社は当郡内で四番目、「在神祇官社」末席の社格である。当郡の筆頭は、須佐《すさ》神社であり、他ならぬスサノヲの本拠である。スサノヲの本来の信仰圏は、この地を中心にして、少なくとも飯石・大原・意宇《おう》の三郡にまたがる広範囲に及ぶ。その範囲について、風土記は特定の意味づけを行ってはいない。

†秘められた「神々の世界」

本来の神の信仰圏と行政区画としての郡とが、そもそもまったく別の価値観で形成されたものであることは明らかである。出雲国風土記は、サダという地名の起源を記していないし、スサノヲの信仰圏について何らの意味づけも行っていない。

とすれば、出雲国風土記にはストレートには描かれていない出雲の神話世界があったことになる。出雲国風土記には、夥《おびただ》しい数の神社名が記載されているが、そこに祀られている神の神話はどこへ行ったのだろう（荻原千鶴全訳注『出雲国風土記』講談社学術文庫）。何ら神話を持たない神が信仰の対象になるはずはない。

山野・浜・島・河川などの自然地名にも、ほとんど起源らしきものが記されていないが、その地名の背後には、おそらく大勢の神々の信仰があり、神話が伝えられていたはずだ。それはどこに消えてしまったのか。和銅の官命には「山川原野の名号の所由」の報告が求められていたのだが、出雲国風土記はほとんどそれに応えようとせず、もっぱら行政区画としての「郡名」「郷名」の起源説明に終始している感がある。

出雲国風土記の〈神話〉は、あくまで表向きの〈神話〉であって、出雲にはまだ秘めた神話の世界があったように思う。それこそが、もはや文献では知ることのできない、本当の「神々の世界」の姿ではなかったろうか。出雲国は〈建国神話〉を享受し、「日本」であることを受け入れたが、なおも出雲人は出雲人としての精神世界に生きていたに違いない。

終章　モノを祭る王の〈神話〉作り

本書の執筆と併行して、「モノを祭る王の〈神話〉作り――〈古事記神話〉の構想」と題する論文を発表した（『論集上代文学』三六、笠間書院）。約三十年のあいだ、古事記の〈神話〉と向き合ってきた筆者の、現時点における総括のようなものである。詳細はそちらをご参照願いたいが、ここではその概略を記して本書のまとめとしたい。

この列島に生きてきた人々は、自然界に属する事物はもちろん、時には人工物や人としての営みにさえ、超自然的な存在が宿ると信じていた。大和言葉では、それらをカミと言う。

また、何かが存在していることを五感で感じながらも、それが何物なのか認識することができない場合もあった。モノノケ（物の怪）のモノとは、そうした正体不明の超自然的な存在体を漠然と指す言葉である。カミのように姿かたちや性格が認識され、それを表す名前が与えられた存在体ではない（折口信夫『古代研究民俗学篇二』折口信夫全集三、中央公論社）。その意味ではオニとほぼ同義である。ただし、モノやオニは、ある一つの価値基準において「正体不明」「認識外」であるということであり、それをカミとして認識する別の価値基準も存在した。たとえば、ある一つの共同体が祭っているカミは、それとは異なる価値観を持って生きていた別の共同体の人々には、正体不明のモノやオニでしかないということである（柳田國男「一つ目小僧その他」『定本柳田國男集』第五巻、筑摩書房）。

後に「日本」となる一つの国家が成立する以前、東アジアの端にあるその列島の上にはそれぞれに独自のカミを頂き、独自の神話（＝掟）に従って人々が暮らしている数知れない共同体があった。やがてそれらは、たとえば河川の水利を必要とする稲作の開始などを契機として、互いに交渉を持ち、新たな神話（＝掟）を共有する小さな国となり、最後には〈建国神話〉としての〈記紀神話〉が定める王権国家が成立した。そうした精神史上の国家形成史の上において、モノやオニは次第に共通のカミとなっていったに違いない。共同体ごとの多様な価値観が、徐々に均一化の方向に向かい、遂には一つの国家イデオロギーに覆われていった歴史である。

†オホモノヌシノ神

古事記・日本書紀など上代の文献に、「オホモノヌシノカミ」という名の有力な神が登場する。奈良の三輪山《みわやま》をご神体とする大神《おおみわ》神社の祭神である。まさしくモノを代表する名であるが、モノでありながら、同時にカミでもあるというのは実に不可解であると言えよう。カミとして認識された存在なのか、モノという正体不明の存在なのか、それは人々（共同体）の価値観の違いによるのだから、オホモノヌシノカミとは、異なる二つの価値観が共存した存在であることになる。古事記の中巻、崇神《すじん》天皇条には次のような記事がある。

此《こ》の天皇《すめらみこと》の御世《みよ》に、役病《えやみ》多《さは》に起《おこ》りて、人民《たみ》死にて尽《つ》きなむと為《し》き（疫病が流行して人民が死に尽きようとした）。爾《ここ》に、天皇愁《うれ》ひたまひて、神牀《かむとこ》（神聖な床《とこ》）に坐《ま》しし夜《よ》、大物《おほものぬ》主《しの》大神、御夢《みいめ》に顕《あらは》れて曰《の》りたまひしく「是《こ》は我《わ》が御心《みこころ》ぞ（私の御意志である）。故《かれ》、意富多《おほた》多泥古《たねこ》を以《も》ちて、我が御前《みまへ》を祭らしめたまはば、神《かみ》の気《け》起らず、国安平《たひ》らぎなむ」とのりたまひき。是《ここ》を以ちて駅使《はゆまづかひ》を四方《よも》に班《あか》ちて、意富多多泥古《おほたたねこ》と謂《い》ふ人を求めたまひし時、河内《かふち》の美努村《みののむら》に其の人を見得《みえ》て貢進《たてまつ》りき。爾《ここ》に天皇「汝《な》は誰《た》が子《こ》ぞ」と問ひ賜へば、答へて曰《まを》ししく「僕《あ》は大物主《おほものぬしの》大神、陶津耳命《すゑつみみのみこと》の女《むすめ》、活玉依毘売《いくたまよりびめ》を娶《めと》して生める子、名は櫛御《くしみ》方命《かたのみこと》の子、飯肩巣見命《いひかたすみのみこと》の子、建甕槌命《たけみかづちのみこと》の子、僕《あれ》、意富多多泥古《おほたたねこ》ぞ」と白《まを》しき。是《ここ》に天皇大《いた》く歓《よろこ》びて詔《の》りたまひしく「天《あめ》の下平《したたひ》らぎ、人民栄《おほみたからさか》えなむ」とのりたまひて、即《すなは》ち意富《おほ》多多泥古命《たたねこのみこと》を以《も》ちて神主《かむぬし》と為《し》て、御諸山《みもろやま》に意富美和《おほみわ》の大神の前を拝《いつ》き祭りたまひき。

疫病の流行は「祟《たた》り神」ともされるオホモノヌシからの信号であった。オホモノヌシ自身は天皇の夢において「疫病はカミの気《け》の現れだ」と告げたが、「人民」を死に追いやるほどの疫病は「カミの気」ならぬ「モノの気《け》」の仕業であるに違いない。誰にとってモノであり「祟り神」なのかと言えば、もちろん「人民」つまり国家の公民にとってであり、それを治める大和王権にとってである。

モノが認識外の存在である以上、それを祭ることなどできようはずがない。だからこそ、その祭祀には、モノの正体を把握して、それを祭ることのできる人物が必要だったわけであり、オホタタネコなる人物がオホモノヌシの直系の子孫であると名乗った時に、天皇が歓喜して、「天《あめ》の下平《したたひ》らぎ人民《おほみたから》栄えなむ」と確信したのである。

このようにして、天皇はモノの子孫を介する形で、モノをカミとして祭ることを果たしたのである。ここに、オホモノヌシノカミという、実に不可解な、本来的には破綻した名前の神が誕生したのである。この一件は、大和王権が、自らとは異なる価値観によって祭られていた列島の神々(大和王権にとっては本来モノでしかなかった)を、自らのコントロール下に置いたことを表している。

†アシハラシコヲノ大神

垂仁《すいにん》天皇の皇子ホムチワケは生まれながらに言語不通であったが、その原因は、カミの祟《たた》りであったという。カミは天皇の夢に現れて「我が宮を天皇《すめらみこと》の御舎《みあらか》の如《ごと》、修理《つく》りたまはば、御子必ず真事《まこと》とはむ（私の社殿を皇居のように整えて下されば、御子はきっと言葉を話すだろう）」と神意を告げ、そのカミの正体が占いによって「出雲《いづもの》大神」であると明かされる。そして、ホムチワケが出雲大神を参拝するために出雲に赴き、そこで初めて言葉を発することになる。

故《かれ》、出雲《いづも》に到りて、大神を拝《をろが》み訖《を》へて還《かへ》り上《のぼ》ります時に、肥《ひの》河の中に黒き巣橋《すばし》（丸太の橋）を作り、仮宮《かりみや》を仕《つか》へ奉《まつ》りて坐《ま》さしめき。爾《ここ》に出雲の国造《くにのみやつこ》の祖《おや》、名は岐比佐都美《きひさつみ》、青葉の山を餝《かざ》りて、其の河下《かはしも》に立てて、大御食《おほみけ》献《たてまつ》らむとする時に、其の御子詔《の》言りたまひしく、「是《こ》の河下《かはしも》に青葉の山の如《ごと》きは、山と見えて山に非《あら》ず。若《も》し出雲の石硐《いはくま》の曽《そ》の宮に坐《いま》す、葦原色《あしはらし》許男大神《こをのおほかみ》を以《も》ち拝《いつ》く祝《はふり》の大庭《おほには》か（アシハラシコヲノ大神をお祭りしている祭主の斎場か）」（古事記、中巻、垂仁天皇条）

出雲大神として登場するアシハラシコヲとは、古事記や日本書紀において大国主神（オホナムチ）の別名とされる。なぜ大国主神ではなく、アシハラシコヲと呼んでいるのだろうか。

シコヲとはオニ（鬼）に近い存在のことである。柳田國男が解き明かしたように、オニとはある集団においてはカミに他ならなかった（前掲書）。たとえば出雲国風土記（大原《おほはら》郡阿用郷《あよのさと》）に農夫の息子を喰らう「目一鬼《まひとつのをに》」が登場するが、目一つという存在は、日本書紀に「作金者《かなだくみ》」（鍛冶者）として登場する「天目一箇神《あめのまひとつのかみ》」（第九段一書第二）のように鍛冶集団のカミでもあった。鍛冶をするにはじっと炎を見続ける必要があったため、鍛冶職には長い就労の末に片目を失う者が少なくなかったらしい。つまり鍛冶職にとっての「目一つ」は、聖なる傷痕として誇るべきものであり、それが神として信仰されるに至ったのである。しかしながら、別の価値観を有する集団（前掲の風土記においては農夫）にとって、それはオニという正体不明の不気味な存在でしかなかったということである。つまり、シコヲ＝オニとカミの関係は、先に述べたモノとカミとの関係と同じなのである。

皇子を祟る存在は、大和王権にとってはシコヲ＝オニに他ならなかったのだ。そして、そのようなシコヲが「大神」として、王権による祭祀の対象になっていることが問われるべきであろう。ホムチワケの発言には、アシハラシコヲを祭る者として「祝《はふり》」（祭主）が現れるが、それは直前に登場していた出雲の国造の祖先を指している。出雲の国造が杵築《きつき》大社（出雲大社）で、オホナムチの祭祀を行っていることは言うまでもない。出雲国造にとって、それはシコヲではなく、もとよりカミとして祭るべき対象なのであった。

引用部の後、天皇は出雲大神の要求どおりに神殿を建設することになり、ここにおいてアシハラシコヲが大和王権側の祭祀の対象として公認され、アシハラシコヲノオホカミという、本来的にあり得ない神格の誕生を見ることになる。アシハラシコヲをカミとして祭ることは、新しいカミとして大和王権側の価値観のもとに組み入れたことを意味するのである。ことは、オホモノヌシノカミの場合と同様である。

このようにして、大和王権は、列島上の様々な神々（大和王権にとってはモノやシコヲであった）を、一手に祭ったというである。このことは、列島上の様々な価値観を、大和王権側の価値観で覆ってしまうことを意味している。こうして、この列島の上に、精神的にも一つの国家が形成されていったのである。

†夜刀の神

列島で信仰されていたカミの全てが手厚い扱いを受けたわけではない。『常陸国風土記』（行《なめ》方《かた》郡）には、カミが虫けらに零落したという記事が載っている。およそ次のような内容である。

第二六代継体《けいたい》天皇の時代、箭《や》括《はず》氏の麻多智《またち》という人物が、谷を切り拓《ひら》き新田を起こした時のこと。夜刀《やつ》の神が群れてやって来て、耕作を妨げた。（蛇のことを現地では夜刀の神としていた。蛇の体で頭には角がある。その災いから逃れようとする時、その姿を見た人があると、その一家は滅亡し、子孫が絶えてしまう。郡家近くの野原にたくさん住んでいる。）

そこで麻多智は大いに怒り、自ら武装してそれらを打ち殺し、追い払い、山の入口に境界の標識を立てて、夜刀の神に言った。「ここから上は神の地とすることを許す。ここから下は人が耕作する地である。今から後は、私が神の祭人となって、永遠に敬い、お祭りしよう。だから、祟《たた》らないでくれ、恨まないでくれ」と。そして初めて社を建て、それ以後、麻多智の子孫が代々祭りをし、今に至るまで絶えることがない。

その後、第三六代の孝徳《こうとく》天皇の時代になり、壬生連麿《みぶのむらじまろ》という人物が初めてその谷を領有し、池の堤防を築かせた時、夜刀の神が池のほとりの椎《しい》の木の上に集まって、いつまでも去ることがなかった。麿《まろ》は雄叫《おたけ》びして言った。「池の修繕は人民の生活の為である。いったいどこの天《あま》つ神《かみ》、国《くに》つ祇《かみ》なのだ、王化《おうか》に従わないものは」と。そして労役の人々に向かって「目に見える魚虫の類《たぐい》は、憚《はばか》ることなく、恐れることなく、みな打ち殺してしまえ」と言い終わるやいなや、怪しい蛇は逃げ隠れてしまった。

『常陸国風土記』は、その冒頭に「常陸国司の解《げ》」とあるとおり、常陸国からの公文書である。

実際の編著者は不明だが、中央官人としての国司の立場で編まれたものである。

夜刀の神について、「蛇のことを神としている」という内容の注があり、ここに二つの異なる価値観が明示されている。

「その神を見たら一家が滅亡する」とあるように、もともと現地では絶対的な力を持った存在だった。人を圧倒する自然への畏怖がこうした信仰を生んだのであろう。継体朝には、それを祭祀することによってコントロール下に置くことができたという（箭括《やはず》氏とは他に見えない氏族名であるが、原文にも「氏」とあるからには大和王権側の人物である）。そして時代が下って、大化の改新の孝徳朝にもなると、もはや王化に背く「魚虫」でしかなく、抵抗することもできずに駆除されてしまう。

夜刀の神の話は、ヲロチ退治にも通うところがある。国つ神は、娘を生贄《いけにえ》としてヲロチに差し出す以外に生きる術を持たなかったが、そこに圧倒的な知恵と力を持ったスサノヲ（スサノヲは皇祖アマテラスの実弟という立場にある）が現れ、ヲロチを退治する。高天原の天つ神の力が、出雲世界を秩序化したのである。

夜刀の神の記事は、行方《なめかた》地方の信仰が、社での祭祀という大和王権側の価値観で塗り替えられ、最後に蛇に対する俗信として切り捨てられるという歴史を示している。中央の価値観が、時代とともに地方に浸透し、地方を飲み込んでいく様相を見て取ることができる。

†モノを祭る王による〈神話〉作り

古事記には、数知れないモノどもをカミとして祭り、この列島を国家イデオロギーで覆ってしまう大和王権（天皇）の事績が記されていた。その大和王権によって創作されたのが、古事記や日本書紀の〈神話〉に他ならない。古事記や日本書紀の〈神話〉は、その構成自体がモノをカミとして祭る国家イデオロギーを反映しているものと思われる。

再び、古事記による神の系譜を図10に示しておこう。

〈神話〉の主題が、アマテラスの子孫による国家統治を説くことにあることは疑いようがない。天石屋戸《あめのいはやと》条におけるアマテラスの隠去と復活によって、高天原（天上界）と葦原中国（国土）がアマテラスの「照明」という力によって、一つの秩序で覆われていることが明らかになり、だからその子孫が葦原中国に降臨し、やがて天皇となって国家を統治することになったというのが、〈神話〉の主文脈である。古事記の系譜でいえば、系図の網掛け部分である。

そうした主文脈の間に、アマテラスの弟として位置付けられたスサノヲと、その子孫のオホクニヌシの事績が長々と挟み込まれている。オホクニヌシは、出雲の国作りの神であるオホナムチを中心に、アシハラシコヲ・ウツシクニダマ・ヤチホコといった神格を合わせて（『日本書紀』ではオホクニタマとオホモノヌシをも含む）、〈記紀神話〉が創造した神格であって、記紀およびその影響下になった〈神話〉以外にその名を見ることがない。また、出雲国風土記には、スサノヲとオホナムチとの直系の系譜関係も認められず、これも〈記紀神話〉、とりわけ〈古事記神話〉の構想によるものとするのが穏当である。

〈古事記神話〉によれば、オホナムチはスサノヲの指令に従いながら、制限付きの「大国主」となり、国を作り、最後には国を皇祖に譲る存在として位置づけられているのである。

なぜに、〈神話〉はこのような迂回路を経る形で、アマテラス―天皇による建国の由来を説いているのだろうか。これこそが、列島を統一して一つの国家を作る際に必要だった〈建国神話〉の作り方だったのではないだろうか。

図10　イザナキからの系図

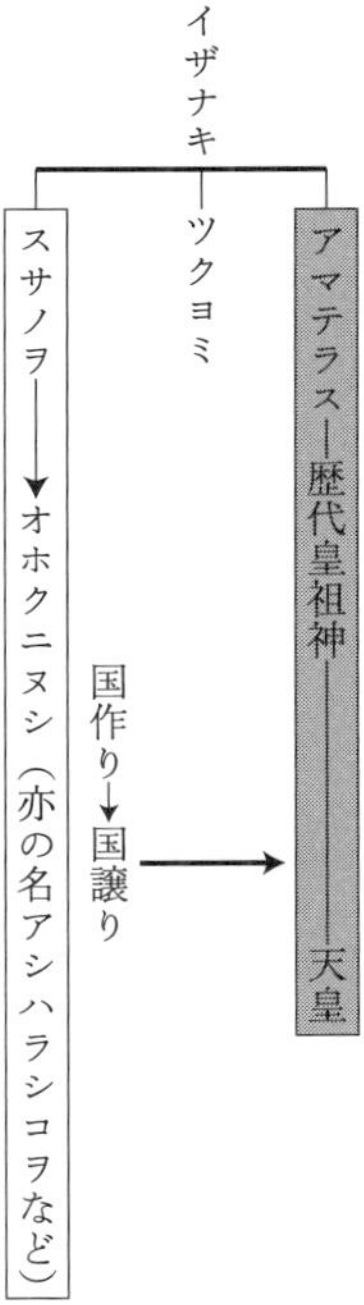

オホクニヌシは〈記紀神話〉においてアシハラシコヲという名を持ち、日本書紀（第八段一書第六）によればオホモノヌシという名も有していたように、本来的に大和王権の信仰圏とは異なる、地方のカミ（王権から見ればモノやシコヲ）の集合体であった。それらを多く取り込みながら〈神話〉を体系化し、その上に大和王権の由来を説く主文脈を流す。それが、社会的な規制力を有する神話として、〈建国神話〉を成り立たせるための手段だったのだろう。

古事記には三百を超えるカミが登場する。その中で、天皇家の系譜に連なるカミはごく一部である。具体的な活動の跡を残しているカミも限られており、多くは神名が記されるのみである。まさに八百万神の登場する〈体系神話〉なのである。こうした多くのカミの存在を、〈古事記神話〉の主題、つまり大和王権国家の由来を説く文脈上で理解することは難しい。たとえば、タヒリキシマルミノカミやアマノヒバラオホシナドミノカミなど知る人は少ないだろうが、確かに古事記には現れているのだ。それらがいなくとも、「天皇治㆓天下㆒」という結論に向けて文脈を導くことはできたに違いない。

これら多くのカミは、〈建国神話〉の文脈上ではなく、〈建国神話〉を神話たらしめる上で必要だったのではないだろうか。それらのカミを信仰し、その神話を伝承して生きていた人々にとって、それらが古事記に登場するか否かは、〈古事記神話〉に対する信用度に関わる重大事であったに違いない。信用されなければ、古事記がそもそも〈神話〉を使って国家の〈歴史〉

を語る意味もなかったはずである。

古事記にカミとして名が載ることは、大和王権によってカミとして公認されたことを意味し、全国の神社が官社（出雲国風土記の「神祇官社《じんぎかんしゃ》」や『延喜式《えんぎしき》』の定めた「式内社《しきないしゃ》」など）として定められていった歴史と同じ意味を持っている。大和王権による公認とは、実のところ、列島の上に存在した多くのカミ（大和王権にとってはモノ）が本来の神格を換骨奪胎されて、大和王権の価値観で再創造されたということである。

もちろん、夜刀の神のように俗信として切り捨てられたケースも数知れずあっただろう。大和王権の価値観に地方が飲み込まれていく、その飲み込まれ方は一様ではなかったが、カミとしての公認もその一つのあり方であった。

こうして、硬軟織り交ぜたやり方で、列島各地の様々な信仰が国家イデオロギーで統一されていったのである。古事記や日本書紀の〈神話〉は、まさしくモノを祭る王によって作られた〈神話〉なのである。

参考文献

青木周平『古事記研究』おうふう、一九九四
明石一紀「書紀一書」(『古代文学講座10 古事記日本書紀風土記』勉誠社、一九九五)
石母田正『石母田正著作集』第十巻、岩波書店、一九八九
伊藤剣『日本上代の神話伝承』新典社、二〇一〇
植田麦『古代日本神話の物語論的研究』和泉書院、二〇一三
榎本福寿「日本書紀の冒頭神話の成りたちとその論理」(『記紀・風土記論究』おうふう、二〇〇九)
大林太良『日本神話の起源』角川選書、一九七三
荻原千鶴全訳注『出雲国風土記』講談社学術文庫、一九九九
小村宏史『古代神話の研究』新典社、二〇一一
折口信夫『古代研究民俗学篇二』折口信夫全集第三巻、中央公論社、一九五五
金井清一「身を隠したまふ神」(『古典と現代』五三、一九八五・九)
同　「神話と歴史」(『国語と国文学』六七—五、一九九〇・五)
神田典城『日本神話論考』笠間書院、一九九二
同　『記紀風土記論考』新典社、二〇一五
北川和秀「古事記上巻と日本書紀神代巻との関係」(『文学』四八—五、一九八〇・五)
工藤浩『氏族伝承と律令祭儀の研究』新典社、二〇〇七

倉野憲司『古事記全註釈』全7巻、三省堂、一九七三〜八〇
神野志隆光『古事記と日本書紀』講談社現代新書、一九九九
同　『古事記の世界観』吉川弘文館、二〇〇八
同　『古事記とはなにか』講談社学術文庫、二〇一三
神野志隆光・山口佳紀『古事記注解2』笠間書院、一九九三
西郷信綱『古事記注釈』全8巻、ちくま学芸文庫、二〇〇五〜〇六
同　『古事記の世界』岩波新書、一九六七
西條勉「スサノヲの追放と大祓」(『国文学研究』七五、一九八一・一〇)
同　『『古事記』神話の謎を解く』中公新書、二〇一一
坂本勝『古事記の読み方』岩波新書、二〇〇三
佐佐木隆「〈大穴牟遅〉〈大己貴〉の表記とその訓」(『古事記年報』二三、一九八一・一)
佐藤正英『古事記神話を読む』青土社、二〇一一
敷田年治『古事記標註』(神道大系編纂会編『神道大系古典註釋編1　古事記註釋』神道大系編纂会、一九九〇)
菅野雅雄『古事記論叢』1〜5、おうふう、二〇〇四
鈴木重胤『日本書紀伝』二、皇典講究所國學院大學出版部、一九一〇
高藤昇「記紀神話と出雲国風土記」(『講座日本の神話5　出雲神話』有精堂出版、一九七六)
瀧音能之『出雲古代史論攷』岩田書院、二〇一四
棚木恵子「スサノヲ神話の構想」(『古代研究』一五、一九八三・二)
谷口雅博『古事記の表現と文脈』おうふう、二〇〇八
寺川眞知夫『古事記神話の研究』塙書房、二〇〇九

戸谷高明『古代文学の天と日』新典社、一九八九
直木孝次郎『日本神話と古代国家』講談社学術文庫、一九九〇
中川ゆかり『上代散文』塙書房、二〇〇九
長野一雄『上代文献の出雲』新典社、二〇〇五
中村啓信『古事記の本性』おうふう、二〇〇〇
西宮一民『古事記の研究』おうふう、一九九三
橋本雅之『古風土記の研究』和泉書院、二〇〇七
福島秋穂『記紀神話伝説の研究』六興出版、一九八八
松村武雄『日本神話の研究』第一巻〜第四巻、培風館、一九五四〜五八
松本直樹『古事記神話論』新典社、二〇〇三
　同　『出雲国風土記注釈』新典社、二〇〇七
　同　「神代紀の構造」(『国語と国文学』八七―一一、二〇一〇・一一)
　同　「神代記・紀の相関性について」(『國學院雑誌』一一二―一一、二〇一一・一一)
　同　「神代記・紀の〈読み〉方を考える」(『文学』一三―一、二〇一二・一)
　同　「モノを祭る王の〈神話〉作り」(『論集上代文学』三六、二〇一四・一〇)
松本弘毅『古事記と歴史叙述』新典社、二〇一一
三浦佑之『古事記を読みなおす』ちくま新書、二〇一〇
　同　『風土記の世界』岩波新書、二〇一六
水林彪『記紀神話と王権の祭り(新訂版)』岩波書店、二〇〇一
溝口睦子『王権神話の二元構造』吉川弘文館、二〇〇〇
壬生幸子「大物主神についての一考察」(『古事記年報』一九、一九七七・一)

本居宣長『古事記伝1〜4』本居宣長全集9〜12、筑摩書房、一九六八〜七四
矢嶋泉『古事記の歴史意識』吉川弘文館、二〇〇八
　同「風土記におけるスサノヲ」(『東アジアの古代文化』九一、一九九七・四)
柳田國男「一つ目小僧その他」『定本柳田國男集』第五巻、筑摩書房、一九六二
山田永『古事記スサノヲの研究』新典社、二〇〇一
山田英雄『万葉集覚書』岩波書店、一九九九
吉井巌「古事記の神話」(『日本神話必携』学燈社、一九八二)

あとがき

大学院に入学して以来、論文という名の文章を数十篇書き、大学の教員になってからは二冊の研究書を世に出した。学界の末席に身を置く者として、それは生理現象にも近いもので、とにかく頭の中に溜まってしまったアイデアを外に出すための行為であったから、あまり読み手のことなど考えなかったように思う。

そんな著者にとって、初めての「新書」作りは、とても新鮮な感覚であった。執筆を続けるうちに、いつしか、通勤電車の向かいの席でこの本を読んで下さる皆さんのことを想像するようになった。本を通して、読者諸氏との交流ができるならば、それは著者として替えがたい喜びである。

本書を執筆している現在、著者は勤務校において役職を務めている。日々、校務と格闘しながらの執筆活動は、ふと研究者に戻ることのできる掛け替えのない幸福な時間を与えてくれた。筑摩書房との縁を作って下さったのは、職場を同じくする石原千秋教授である。言葉にしきれない感謝の気持ちでいっぱいである。また、「新書」一年生を温かく励まして下さった筑摩書房編集局の河内卓さん、新年度の多忙な時期に快く校正の手伝いを引き受けて下さった明治大学の伊藤剣さんにも心から御礼を申し上げたい。

二〇一六年六月　母の八十一回目の誕生日に

松本直樹

ちくま新書
1192

神話《しんわ》で読《よ》みとく古代日本《こだいにほん》
——古事記《こじき》・日本書紀《にほんしょき》・風土記《ふどき》

二〇一六年六月一〇日　第一刷発行
二〇二三年二月一五日　第五刷発行

著者　松本直樹（まつもと・なおき）
発行者　喜入冬子
発行所　株式会社 筑摩書房
東京都台東区蔵前二-五-三　郵便番号一一一-八七五五
電話番号〇三-五六八七-二六〇一（代表）
装幀者　間村俊一
印刷・製本　株式会社 精興社

ISBN978-4-480-06895-8 C0295

ちくま新書

876 古事記を読みなおす 三浦佑之
日本書紀には存在しない出雲神話がなぜ古事記では語られるのか？　序文のいう編纂の経緯は真実か？　この歴史書の謎を解きあかし、神話や伝承の古層を掘りおこす。

859 倭人伝を読みなおす 森浩一
開けた都市、文字の使用、大陸の情勢に機敏に反応する外交。――古代史の一級資料「倭人伝」を正確に読みとき、当時の活気あふれる倭の姿を浮き彫りにする。

895 伊勢神宮の謎を解く――アマテラスと天皇の「発明」 武澤秀一
伊勢神宮をめぐる最大の謎は、誕生にいたる壮大なプロセスにある。そこにはなぜ、二つの御神体が共存するのか？　神社の起源にまで立ち返りあざやかに解き明かす。

929 心づくしの日本語――和歌でよむ古代の思想 ツベタナ・クリステワ
過ぎ去った日本語は死んではいない。日本人の世界認識の根源には「歌を詠む」という営為がある。王朝文学の言葉を探り、心を重んじる日本語の叡知を甦らせる。

1073 精選 漢詩集――生きる喜びの歌 下定雅弘
陶淵明、杜甫、李白、白居易、蘇軾。この五人を中心に、深い感銘を与える詩篇を厳選して紹介。漢詩に結実する東洋の知性と美を総覧する決定的なアンソロジー！

999 日本の文字――「無声の思考」の封印を解く 石川九楊
日本語は三種類の文字をもつ。この、世界にまれな性格はどこに由来し、日本人の思考と感性に何をもたらしたのか。鬼才の書家が大胆に構想する文明論的思索。

806 国語教科書の中の「日本」 石原千秋
「グローバル化」と「伝統」の間で転換期を迎える国語教育は、日本という感性を押し付ける教育装置になっていないか？　小中学校の教科書をテクストに検証する。